VOYAGES
IMAGINAIRES,
ROMANESQUES, MERVEILLEUX, ALLÉGORIQUES, AMUSANS, COMIQUES ET CRITIQUES,
SUIVIS DES
SONGES ET VISIONS,
ET DES
ROMANS CABALISTIQUES.

Y²   9294

CE VOLUME CONTIENT:

Les SONGES & VISIONS Philofophiques par M. MERCIER.

VOYAGES
IMAGINAIRES,
SONGES, VISIONS,
ET
ROMANS CABALISTIQUES.

Ornés de Figures.

TOME TRENTE-DEUXIÈME.

Seconde classe, contenant les *Songes & Visions.*

A AMSTERDAM,
Et se trouve à PARIS,
RUE ET HÔTEL SERPENTE.

M. DCC. LXXXVIII.

SONGES ET VISIONS
PHILOSOPHIQUES,
PAR M. MERCIER.

DE L'AMOUR,

SONGE PREMIER.

LE triste mois du Sagittaire annonçoit déjà l'hiver aux cheveux blancs; le flambeau des cieux ne jetoit plus qu'un éclat pâle, & la nuit plus longue succédoit rapidement au jour. Adieu les plaines riantes, les bois ombragés, les ruisseaux tranquilles. Le froid vieillard qui s'assied sur les orages, tout hérissé de glaces & de frimats, chassoit l'automne expirante. Il falloit retourner à la ville, à cette ville tumultueuse, où toutes les passions fermentent, & semblent de leur souffle impur corrompre l'air qu'on y respire. J'abandonnois à regret ces belles campagnes, où six mois s'étoient écoulés comme un seul beau jour. Au milieu de ma route je m'arrêtai sur le soir dans une hôtellerie, pour y passer la nuit. Assis auprès d'un large foyer, d'où jaillissoit un feu brillant, je réchauffois mes mains engourdies, lorsque je vis entrer une jeune femme d'une figure intéressante; son geste & sa démarche ennoblissoient la simplicité de ses habits; elle tenoit dans ses bras un paquet mollement pressé contre son sein. A peine fut-elle à mes côtés, qu'elle l'ouvrit & développa d'entre plusieurs langes le plus bel enfant qui ait jamais frappé mes regards. Cette scène, quoique naturelle & commune, me toucha vivement par les graces, la noblesse, la dignité de celle qui la représentoit. Respectueux admirateur de la tendresse maternelle, je la considérai néanmoins avec beaucoup d'attention. Les traits les plus fins se dessinoient avec fierté dans les contours d'une physionomie douce & touchante; ses yeux étoient pleins de feu, mais la modestie en tempéroit la vivacité; sa parole étoit ferme, quoiqu'un peu agitée; & cet ensemble formoit un tableau qui m'attachoit tout entier. Encore plus excité par un intérêt tendre que par un penchant curieux, je me hasardai à lui demander d'où elle venoit, & si elle avoit encore loin à marcher, chargée d'un tel fardeau. Ce n'est point un fardeau, me répondit-elle d'une voix douce; mon enfant m'est trop cher pour peser dans mes bras; ils ne se reposeront de l'avoir porté, que lorsqu'ils l'auront remis dans les bras d'un père tendrement aimé. Puissé-je toucher à cet instant heureux! Mais si le sort l'éloigne, l'espérance

Cessés point un fardeau, mon Enfant n'est trop cher pour petit dans mes bras.

courageuse saura me donner la fermeté de l'attendre. Ces mots prononcés avec quelque véhémence, m'inspirèrent le desir d'en apprendre davantage. Je la questionnai avec ce ménagement, ce respect, qui invitent l'ame par l'accent de la droiture, sans aucune autre espèce de violence. Son cœur naïf se trouvant d'abord un peu embarrassé dans le chemin de la sincérité, hésitoit à chaque réponse ; mais enfin, soit que ma façon de parler lui inspirât quelque confiance, soit qu'elle trouvât un soulagement secret à me faire un aveu que je paroissois desirer, elle me parla ainsi : Vous reconnoîtrez aisément à mon accent que je ne suis pas de cette province ; je suis née à * * *. Je perdis ma mère de trop bonne-heure ; bientôt je me trouvai à cet âge où tout paroît séduisant, & où on le devient soi-même. Parmi tant d'yeux qui cherchoient à fixer les miens, il s'en trouva deux auxquels il fallut répondre. Je ne pus m'en défendre ; car, en les regardant, je crus voir le bonheur qui y brilloit d'une flamme pure ; elle acheva d'embraser mon cœur. Nous fûmes bientôt d'accord ; nous nous entendîmes ; nos cœurs n'en formèrent plus qu'un ; & forcés de cacher notre amour, il n'en devint que plus violent. J'appartenois à des parens aisés, mais d'un caractère tyrannique. Mon amant étoit jeune, bien fait, spirituel, vertueux ; mais sa fortune étoit de beaucoup inférieure à la mienne. On refusa de me le donner pour époux; un homme riche, sans graces & sans mérite, vient, me demande en mariage, comme on demanderoit un bijou pour lequel on auroit quelque fantaisie; l'occasion parut si avantageuse, qu'on n'accorda à mes larmes que deux jours pour me décider. On a beau dire, une fille jeune & timide, accoutumée à la soumission, ne peut se refuser à la main d'un père qui, d'un air impérieux, la traîne à l'autel. Je ne me sentois point cette force; je consultai mon amant, comme ce que j'avois de plus cher dans le monde, & je lui dis: Je ne vois que la mort qui puisse me soustraire aux ordres d'un père qui semble plutôt tonner que commander. Que faire? Fuyons, me dit-il, si vous m'aimez; la fuite est nécessaire. Il me serra dans ses bras sans parler. D'autres pays, poursuivit-il, nous offrent des asyles contre la tyrannie; partons; la terre nourrit dans sa vaste étendue tous ses enfans laborieux. Dieu nous a donné des cœurs qu'il a faits l'un pour l'autre; c'est à sa providence qu'il faut nous confier. Venez; c'est désormais à mon bras à guider vos pas. Sa voix douée d'un charme irrésistible m'entraîne: l'amour nous prête ses aîles, mais aussi son imprudence; dans notre ivresse, nous aurions été, je crois, jusqu'au bout du monde, si le manque d'argent ne nous eût tout-à-coup arrêtés. Surpris, nous nous regardâmes, & déjà endettés dans ce même endroit où vous me voyez, il ne nous étoit plus permis d'en sortir. Je portois dans mon sein cet enfant qui charme vos yeux & les miens. Quelle situation pour une mère, pour un époux ! Je l'appelle mon époux, & il l'est en effet; nos sermens mutuels sont montés au tribunal auguste de la divinité: ils n'avoient qu'elle pour témoin; mais aucun de nous n'est assez vil pour les rompre. Mon époux, dans sa misère, se souvint d'un oncle dont il avoit toujours entendu vanter l'humanité bienfaisante. Il occupoit un poste lucratif, non loin de cette contrée. Te résous-tu, me dit-il, à me laisser partir seul, pour toucher un parent qui peut nous secourir ? car je meurs de honte & de douleur de voir l'état où je t'ai réduite. Les travaux de mes mains seroient aujourd'hui insuffisans. Reste ici en otage, & ne crains rien.... Va, lui répondis-je, en le baignant de mes larmes; moi douter de ton cœur? Jamais ; ce ne sera point ta main qui me portera le coup de la mort, non.... Il part. Depuis trois mois je n'ai eu aucune nouvelle de lui. D'autres soupçonneroient sa fidélité, mais je suis loin de cette horrible pensée; mon époux n'est point mort, car le ciel est juste; je ne sais où il est, mais je l'attends chaque jour. Cependant j'ai été livrée aux douleurs de l'enfantement loin d'une vue si chère, & qui auroit

A iij

pu les diminuer; il n'a point reçu son fils dans ses bras, il ne l'a point embrassé. O ciel! dans quelle inquiétude doit-il être plongé? En quelqu'état qu'il soit, il souffre, & l'image de ses maux aggrave les miens. Rien ne me manque encore ici, il est vrai; les gens de cette maison se sont intéressés à mon sort; ils n'ont point suspecté mon honneur, ma probité, mais la naissance de cet enfant accumule mes dettes. Qu'il est dur de devoir de pareils services à la pitié d'autrui! Quel seroit mon désespoir, si la religion ne soutenoit mon courage! Je pleure en baisant mon enfant, lorsque je songe que le premier aliment qu'il reçoit est à titre de grace: je tremble que l'infortune qui s'élève à sa première aurore ne l'accompagne le reste de ses jours. Dieu, protecteur de l'innocence, aie pitié de lui! Mon époux, en partant, m'a conjuré de l'attendre ici, de n'en point sortir, surtout de ne point m'inquiéter, quelque retard qu'il puisse arriver; j'en crois sa parole, comme si c'étoit la voix du ciel même. J'ai porté long-tems ce secret douloureux sur mon cœur, vous êtes le premier à qui je me sois hasardée de le découvrir. On détourne si promptement les yeux de dessus une infortunée, on est si cruellement ingénieux à lui supposer des fautes; la pitié de certains hommes est si outrageante, si barbare..... Je remarque qu'on commence à se laſſer des ſecours que l'on m'accorde ; on me demande pourquoi je ne reçois aucune nouvelle de mon époux, s'il reviendra bientôt. Je ne ſais que répondre. Chacun s'étonne de mon courage, mais perſonne n'a mon cœur.

Je gardois le ſilence, eſſuyant une larme qui naiſſoit dans mes yeux. Elle pourſuivit d'un ton plus animé...... Ah ! s'il vivoit il ſeroit à mes côtés ; mais cet enfant, dans qui je l'embraſſe & crois le voir, voilà le lien qui m'attache à l'eſpérance & à la vie. En achevant ces mots, elle le baiſa tendrement, en lui jetant ces inexprimables regards où ſe peint l'énergie de la nature. Elle paſſa modeſtement la tête de cet enfant ſous ſon mouchoir, pour laiſſer librement ſa petite bouche ſucer le lait délicieux de ſon beau ſein. Il étoit d'une blancheur éclatante. J'étois un peu troublé. Qu'elle étoit belle alors ! Ah! j'ai vu la majeſté des rois aſſis ſur leur trône ; celle d'une mère en cette fonction auguſte eſt bien plus digne de nos reſpects.

Mais tout-à-coup entre avec précipitation un jeune homme un peu en déſordre ; il vole dans les bras de cette tendre mère qui jette un cri ; il la tient long-tems preſſée contre ſon cœur. Il ne faut point demander qui c'étoit. Muette de tendreſſe, d'étonnement, elle lui préſente ſon fils, ce fils qu'il n'avoit point encore vu. En le prenant dans ses bras, il ne fut plus maître de lui-même ; il levoit les yeux vers le ciel, & des pleurs ruisseloient le long de ses joues ; il signaloit les sentimens dont son cœur étoit plein, par des exclamations mêlées de cris de joie aigus, inarticulés, & qui ressembloient presqu'à ceux de la douleur. Emporté par des mouvemens rapides & qui se confondoient, il serroit tour-à-tour la mère & l'enfant contre son sein ; les larmes de cette innocente créature ébranlèrent son ame entière ; il y répondit par ses baisers. Il ne pouvoit se détacher de cette partie de lui-même, qui lui étoit plus chère que sa vie ; & tous les témoins se sentirent agités, à ce spectacle touchant, de l'émotion la plus vive. Je partageois la volupté dont ils s'enivroient : l'envie de se parler plus librement, les entraîna vers leur chambre. Le jeune homme soutenoit les pas de son épouse, dont les forces sembloient épuisées par l'excès de la joie. Son œil vigilant n'abandonnoit pas un instant son fils, & d'un bras protecteur il écartoit l'ombre du danger de cette tête innocente. Je les vis s'éloigner à regret ; ils emportoient le plaisir délicieux que je goûtois à contempler leur tendresse mutuelle.

On me conduisit dans une chambre ; j'aperçus qu'elle étoit voisine de la leur. Une porte mal condamnée, simplement recouverte d'une tapisserie, me laissoit distinctement entendre leurs voix. Un sentiment involontaire me maîtrise, & me porte à prêter une oreille attentive; le jeune homme avoit un ton de voix si animé, que je ne perdis pas un seul mot. Tendre amie, disoit-il, livrons-nous au plaisir de nous aimer, puisque c'est le seul qui nous reste, puisque c'est lui qui nous ravit tous les autres biens. Soutiendras-tu avec courage le sort qui nous est réservé? Te sens-tu la force de m'entendre? — Parle sans crainte, répondit-elle; il y a deux heures que j'étois la plus infortunée des femmes, je me sens la plus heureuse: tu vis, tu m'aimes; mon fils dort entre nous deux, nos regards se croisent sur son berceau; c'est une existence nouvelle qui anime mon cœur; qu'ai-je encore à desirer? Si des parens cruels nous refusent la vie, nous la demanderons à toute la terre; nous louerons nos bras à des maîtres dont la tyrannie se bornera du moins à jouir du fruit de nos travaux. Nous pourrons nous aimer en liberté, vivre, travailler & mourir ensemble.

O Dieu! reprit le jeune homme, n'est-on riche que pour être injuste? J'ai volé chez cet oncle, en qui j'espérois trouver un père; il étoit déjà prévenu par le tien. Dès le premier abord, il m'a reproché d'avoir violé les loix les plus sacrées, d'avoir deshonoré son nom, de m'être rendu digne du dernier supplice. Je ne revenois pas de mon étonnement; je crus qu'il avoit perdu le sens. Il ajouta que celle que j'avois eu l'audace d'enlever ne seroit jamais mon épouse; que ton père en avoit fait le serment, & que lui-même avoit promis d'interposer son autorité pour te remettre entre ses mains.

Il accompagnoit ce discours du geste de l'indignation & du mépris. Quoique sensiblement blessé, je déguisai l'état violent de mon cœur; je lui peignis notre amour tel qu'il avoit été, pur, innocent, imprudent peut-être, mais vertueux. Il m'imposa silence d'un ton menaçant; il me dit que je n'avois point d'autre parti à prendre que de te livrer entre ses mains sans aucun délai, & de me souftraire moi-même par une absence éternelle aux justes vengeances d'un père irrité. Je lui répondis que la colère égaroit sa raison & déplaçoit à son œil les limites du pouvoir paternel; que tout pouvoit aisément se réparer sans bruit & sans violence; que si j'avois commis une faute, cette faute étoit excusable; que c'étoit celle de l'amour; qu'elle obtiendroit grace aux yeux de tout homme sensible, n'ayant été ni ravisseur, ni traître, ni séducteur. Comme il ne m'écoutoit point, je voulus abandonner ce parent cruel. Quelle perfidie! On se jette sur moi, on m'arrête, on me conduit dans les prisons, où je suis étroitement resserré; on ne met d'autre prix à ma liberté que de déclarer le lieu de ta retraite. Je garde un généreux silence, malgré toutes les persécutions & les instances les plus artificieuses. Ma fermeté s'accroît par tout ce que je souffre : mais je souffrois pour toi ; & à cette seule idée, ma captivité cessoit d'être horrible. Ma persévérance change en fureur la colère de ton père : il arrive, il paroît devant moi, il feint de modérer ses transports, il ose me promettre ma grace & la tienne, si je te remets à lui. C'étoit m'avertir qu'une clôture éternelle t'attendoit; mais un amant qui craint pour ce qu'il aime, a des yeux trop perçans pour ne pas pénétrer un tel piège. Je lui répondis avec fierté : votre fille n'est plus à vous, monsieur; vous l'avez tyrannisée; vous méditez en ce moment la perte de sa liberté; vous dressez le plan de son malheur. Elle m'a choisi pour époux; je défendrai son choix jusqu'à la mort; c'est moi qui dois répondre de sa liberté, de ses jours & de sa félicité : les droits d'un père qui ne respire que la vengeance cèdent aux miens. Et comment osez-vous contredire un choix qui assure son bonheur? Comment osez-vous prétendre un empire sur des inclinations auxquelles le cœur même où elles sont nées ne peut commander? Je recevrai la mort, avant de livrer à votre aveugle courroux une tête si chère; oui, je mourrai avant de manquer au secret que je lui dois.

On me laissa quelque tems tranquille. L'homme chargé de m'apporter quelque nourriture, parut s'intéresser à mon état : il m'offrit ses services, & voulut m'engager à lui confier une lettre que j'avois écrite; mais je ne pus jamais me résoudre à y mettre une adresse. Pour vous prouver la sincérité de mon attachement, me dit-il, si vous voulez, dès ce soir je vous procurerai les moyens de vous échapper, pourvu que vous en profitiez avec précaution. Je le serrai entre mes bras comme un libérateur. Il me tint parole, & la nuit suivante vit précipiter mes pas vers toi. J'ai marché trois jours de suite sans prendre aucun repos; & si la fatigue m'accabloit, l'amour me prêtoit ses forces. J'ai tout oublié, tendre amie, maintenant que je repose auprès de toi, que tes bras sont enlacés autour des miens, & que ta douce haleine est sur mon visage. Cependant, faut-il te le dire? mon amour n'est point sans inquiétude. J'en crois trop peut-être un pressentiment fatal; mais je crains qu'on ne m'ait laissé fuir que pour mieux suivre la trace de mes pas, & pour mieux s'assurer de l'asyle qui te recèle. Si c'étoit un stratagême! Dieu!... J'ai vu, non loin d'ici, une chaise de poste fermée; je l'ai remarquée dès le premier jour de mon départ, qui suivoit la même route que moi. Fuyons, tendre amie, fuyons de ces lieux dès la pointe du jour, & choisissons un asyle où la providence daigne nous protéger contre nos persécuteurs. — Mais comment partir, répondit la jeune épouse, lorsque nous sommes engagés par une dette que nous ne pouvons acquitter? L'honneur, la probité nous retiennent ici en esclavage. Dis-moi, cher ami, trouves-tu quelque moyen de les accorder avec la nécessité où nous sommes réduits? — Oui, sans doute; mais tu n'y voudras jamais consentir.—Parle. — Je ne crains que pour toi. Si l'on venoit t'enlever de ces lieux, nous serions à jamais perdus l'un pour l'autre, & mon désespoir seroit sans bornes. Fuis avec mon fils, cache-toi dans quelqu'endroit où tu puisses demeurer inconnue; je resterai ici pour répondre de la somme; je vendrai, s'il le faut, mes habits & les derniers effets qui me restent. Peut-être deviendrai-je l'ami d'un cœur compatissant & généreux, que nos malheurs toucheront; alors je revolerai vers toi, & nous ne nous séparerons plus. Mais le premier de nos soins est de te soustraire à la poursuite d'un père; il t'enseveliroit pour la vie dans une maison de douleurs & de désespoir. Mon sang se trouble à cette seule pensée...... Cependant, si ton cœur ne peut se résoudre à me quitter, demeure; nous mourrons ensemble. — Non, dit-elle; je causerois ta perte, il suffit de la mienne. Je ne me flatte point de fléchir un père irrité; il m'arracheroit de tes bras. Je fuirai pour mieux assurer notre liberté & notre bonheur......... A ces mots, le jeune homme l'embrassa; ils ne se répondirent plus que par des soupirs; & une douleur voluptueuse, qui avoit son prix, abattit sur eux le doux sommeil qui les surprit insensiblement.

Mon cœur ému palpitoit avec violence, je donnois des larmes d'attendrissement à leur sort. L'ame plongée dans une douce mélancolie, je me disois à moi-même : Quel est ce mouvement sympathique, dont l'impulsion, aussi rapide que victorieuse, réunit si étroitement deux êtres, rend courageux le sexe le plus timide, & fait soupirer le cœur le plus féroce? O charme invincible de la beauté, ton empire est certain, tu ne trouves point de cœur rébelle! Ne nous le déguisons pas, cette même femme en cheveux blancs, courbée sous le fardeau des années, plus à plaindre encore, plus pressée des besoins de la vie, n'auroit point excité dans mon ame une sensibilité aussi vive. Je cherchois à définir cette passion active dont je me rappelois par-tout les étonnans effets. Est-elle donnée à l'homme pour sa félicité, ou pour son malheur? Je comparois les exemples de crime & de vertu qu'elle a donnés au monde; je m'endormis peu-à-peu dans un torrent de réflexions : bientôt, égaré dans les illusions d'un songe, mes pieds ne touchent plus la terre; je me sens transporté dans les nues, au milieu d'un char attelé de colombes qui se becquétoient dans le vague des airs, & un objet, aussi ravissant qu'admirable, s'offrit tout-à coup à mes regards. Une femme d'une taille haute & d'une beauté indéfinissable, couronnée d'étoiles, planoit au milieu d'un air pur, au-dessus de la terre, qui sembloit s'embellir sous ses regards, & s'abreuver délicieusement d'un lait éblouissant que son sein répandoit avec abondance. Son sein étoit enrichi de plusieurs mamelles fécondes, rangées dans un ordre parfait; d'une main elle tenoit un flambeau dont les flammes étoient extraites des premiers rayons du soleil. Elle l'agitoit avec une grace majestueuse, & des millions de petites étincelles brillantes, en forme de dards, se précipitoient avec activité dans toutes les parties du monde. De l'autre main, elle tenoit un fil invisible aux mortels; ce fil, que rien ne pouvoit rompre, passoit dans tous les cœurs, & tenoit tous les objets de la terre enchaînés avec des nœuds plus forts que le diamant. Le plus léger mouvement partoit de ce grand principe, & les révolutions les plus prodigieuses étoient l'effet de ce simple ressort; c'est par lui qu'elle développoit le cours des choses avec une harmonie régulière & constante, qu'elle conduisoit tout avec une magnifique aisance; sa robe tachetée embrassoit le globe de l'univers, & présentoit une admirable variété de couleurs nuancées à l'infini. Elle se suffisoit à elle-même, & jouissoit de ses propres charmes. Dans ses regards se peignoient la tendresse & la sollicitude maternelles ; je n'eus pas de peine à la reconnoître. O Nature, lui dis-je, est-ce toi que j'ai tant cherchée ? est-ce toi que les mortels veulent méconnoître ? est-ce toi, beauté pure, qu'ils outragent à chaque instant ? Elle me jeta un sourire plein de bonté, & dit : Tous les hommes sont mes enfans, mais ces enfans sont volages & rebelles. Ils oublient leur mère ; & plus ils s'éloignent de moi, plus leurs yeux deviennent foibles pour m'apercevoir. Je les conduis doucement par ce fil, en leur cachant la main qui les soutient ; car leur orgueil en seroit blessé. Je leur présente de flatteuses amorces pour qu'ils m'obéissent, & je ne les châtie que pour leur bien, lorsqu'ils s'écartent trop de mes aimables loix : ils murmurent sans cesse contre leur mère ; elle ne les en chérit pas moins. Je veille sur tous leurs besoins véritables ; mais je ne me prête point à leurs besoins factices, qui enflamment & dérèglent leur imagination. Ces feux, que tu vois partir du flambeau de la vie, vont la porter dans les entrailles cachées de la terre ; je tends sans cesse au mouvement, à l'existence, au développement de tous les êtres ; ces feux brillans sont autant de germes reproductifs, source intarissable de joie, de plaisir, de bonheur & d'immortalité. Si je ne fais pas mieux, mon fils, crois qu'il ne m'est pas donné de faire davantage.

Elle

Elle me fit signe, & je jetai les yeux sur un verre concave, d'une large circonférence, étendu à ses pieds. Quel fut mon ravissement! Je pouvois apercevoir, à travers ce céleste microscope, toute la terre sous un seul point de vue; je pouvois en distinguer chaque partie jusques dans les détails les moins perceptibles. Le genre humain m'offroit ce qu'il est en effet, une seule & même famille; tous ces petits dards enflammés, qui jaillissoient du flambeau créateur, avoient une activité féconde. Le plaisir animoit la matière, & elle croissoit à vue d'œil sous cette main fortunée. Les plantes, les fleurs, les arbres penchoient l'un vers l'autre leurs tiges amoureuses & vivantes; les grands corps semés dans l'espace, obéissoient à ce mouvement universel; les atomes se poursuivoient; chaque désir voloit vers son aliment; chaque étincelle enflammoit un objet & le dévoroit comme sa proie. Le métal vivifié dans la mine étendoit ses branches & les unissoit en silence; le caillou le plus dur s'incorporoit à la pierre qu'il faisoit grossir; les oiseaux, aux aîles étendues, cherchoient la volupté dans l'azur des cieux; les habitans des eaux ressentoient ce feu subtil dans leur humide demeure; & parmi les sables brûlans, le fier lion, les crins hérissés, l'œil étincelant, suivoit sa compagne en rugissant de plaisir, tandis que dans le creux des antres sourds,

B

la tigresse, allaitant ses petits, ne représentoit qu'une mère soigneuse & tendre.

Cette flamme inépuisable, toujours une & toujours divisée, multiplioit à l'infini l'amas prodigieux des êtres; mais l'excès de cette population seroit devenu effrayant, si la main de la destruction n'eût arrêté une partie de ce cours intarissable. La Nature gémissoit en voyant la moitié de ses enfans incessamment sacrifiée à l'autre; elle détournoit les yeux de cette main dévorante qui les précipitoit dans la mort lorsqu'à peine ils étoient nés: mais, fille soumise du Dieu qui l'a créée, elle adoroit sa volonté sans chercher à la comprendre. Les individus se détruisoient, mais l'espèce survivoit & sembloit immortelle. Profite, me dit-elle, des instans précieux qui te sont accordés; n'égare point ta vue sans fruit sur cette multitude d'objets dont aucun œil humain ne peut embrasser les rapports: arrête-toi sur l'homme, comme sur le plus parfait, mais aussi comme sur le plus singulier de mes enfans; c'est lui qui doit préférablement t'intéresser. Ne diroit-on pas qu'il est le terme & le centre de ce monde, tant il a su tout assujettir à ses besoins ou à ses plaisirs? Saisis quelques exemples, car il ne t'est donné que le coup-d'œil.

Je portai mes regards avec rapidité, & je découvris, dans de vastes contrées qui nous ont été jusqu'ici inconnues, un sauvage nu, mais libre, se promenant sur la terre & n'y étant point enchaîné, n'ayant que Dieu & la Nature au dessus de sa tête, jouissant des biens qui s'offroient à lui sans les analyser, content du présent, & ne se forgeant point dans l'avenir des fantômes imaginaires. Son corps étoit souple & robuste, son œil vif & perçant, son oreille prompte & sûre, & sa démarche avoit une fierté dont rien ne nous présente l'image dans nos climats dégénérés; une étincelle du flambeau créateur avoit volé dans son sein. Embrasé de ce feu, il erre sur le sommet d'une montagne; c'est là qu'il a prévenu l'aurore: il regarde le ciel, contemple la Nature, & demande à chacun d'eux cette volupté dont ils ont mis le principe brûlant dans son cœur. En promenant sa vue avide, impatiente, il découvre dans le fond d'un vallon l'objet qui lui étoit destiné; l'éclair est moins prompt; il vole, s'élance en trois bonds, poursuit à la course cette beauté fugitive; il la fatigue bientôt. Lasse, abattue, elle tombe sur un lit de verdure: il se précipite dans ses bras, & leur foible résistance annonce les secrets desirs dont elle-même est consumée. Ce n'est point le délire de l'imagination qui les unit & les enflamme, ce n'est point une passion terrible qu'on reconnoît à ses égaremens ou à ses excès: c'est plutôt l'énergique & chaste impulsion de la

Nature, qui confomme avec fageffe le miracle de la reproduction des êtres. Jamais la volupté ne fut plus vive & plus pure; il a dépofé les feux bienfaifans de l'amour dans un cœur reconnoiffant & fenfible. La pudeur de cette beauté mourante ne confifte point dans les grimaces d'une réfiftance auffi ridicule qu'involontaire, mais dans cette modération qu'avoue le bonheur. Elle jouit fans crainte comme fans remords : on la verra déformais attachée au pas de celui qu'elle reconnoît pour fon vainqueur & fon maître. Ce n'eft point le lien de l'efclavage qui la captive, c'eft le nœud de l'amour & celui du plaifir : ils errent librement fur une terre féconde, qui n'eft point vendue au démon de la propriété. Le jeune fauvage a plus de grace & de majefté auprès de fa compagne; fon œil eft plus doux, fon front plus ferein. Le moment arrive, où il faut rendre avec douleur le fruit d'une union voluptueufe : c'eft aux bords d'une fontaine que fe paffe cette fcène attendriffante; elle furmonte toutes les peines d'une mère pour n'en goûter que les plaifirs. Le cœur du fauvage eft ému d'un fentiment nouveau & fupérieur à tout ce qu'il a encore reffenti ; il reçoit dans fes bras vigoureux fon enfant qui annonce déjà la force & la fanté de fon père ; il reconnoît fon fang, & il ne lui fera pas plus poffible de s'en détacher, que de renoncer au fentiment intime de cette liberté qu'il idolâtre, sans savoir qu'il peut la perdre.

Tu vois, me dit la Nature, les enfans qui sont demeurés les plus fidèles à mes loix; d'autres, bien moins sensés ont voulu réaliser les rêves de leur esprit. Ils ont rougi de leur nudité & de leur bonheur; ils ont rejeté mes bienfaits, ils ont fait un code bisarre..... Si je les abandonnois à leurs propres loix..... Mais, non, l'instinct, leur premier guide, cet instinct qui, malgré eux, les porte au bien, veille, en dépit de leur orgueilleuse folie, à la conservation de l'espèce.

Je reportai la vue dans le verre mystérieux, & j'apperçus des hommes policés. Ils se ressembloient presque tous; on ne distinguoit plus leur taille, & tous leurs mouvemens sembloient gênés. La même main qui bâtissoit leur coiffure formoit l'intérieur de leur tête, & la pensée étoit devenue moins libre que la mode. Ils se croyoient sages, & n'étoient que malheureux. Les deux sexes, diversement habillés, marchoient l'un vers l'autre avec une gravité singulière, se cachoient d'abord avec grand soin l'effet des petites étincelles, se parloient pendant long-tems de toute autre chose que de ce qu'ils vouloient se dire, & après s'être trompés réciproquement, la vanité achevoit l'ouvrage du mensonge. Chacun intéressoit de son côté d'autres gens pour qu'ils consentissent à l'union qu'il avoit deſſein de former. On s'aſſembloit, on conſultoit, on peſoit ſcrupuleuſement la fortune; & pour peu qu'elle fût inégale, tout étoit rompu. C'étoient des cérémonies ſans fin, on chantoit le matin, on danſoit le ſoir, & on laiſſoit les époux ſeuls, lorſque ſouvent le deſir étoit paſſé. Vois, me dit la Nature : au bout de toutes leurs extravagances, les voilà qui reviennent à moi, comme ils y reviendront tous; ils mettent bas les habillemens dont ils ſont embarraſſés. Mais cette flamme active que je leur envoyai pour leur bonheur, briſée dans ſa direction, n'a plus la même force; elle s'eſt éteinte parmi ces longs débats. J'y perds un enfant fort & vigoureux; je n'ai plus que celui de la gêne & de la contrainte; leur race dépérit, décline en beauté, en vigueur; les ames ſont auſſi foibles que les corps. A peine ſont-ils nés, qu'on leur imprime l'empreinte de l'eſclavage. Les bandes, les entraves ſont toutes prêtes, & on les y ſoumet avec une joie triomphante, à peu près comme dans les priſons on fête le nouveau venu qui vient partager la diſgrace commune. Que d'idées chimériques ils ſe ſont forgées! Que leur génie a été funeſte! Que la raiſon leur a fait ſacrifier de goûts innocens & délicieux! Les remords importuns, les ſombres réflexions, les agitations perpétuelles, voilà l'ouvrage de ces hommes ſuperbes. Il n'y a pas long-tems qu'ils avoient la folie barbare d'écraser à coups de pierres ceux qui, cédant aux traits que je leur inspirois, s'unissoient de concert sans l'avis ni la permission de personne. Aujourd'hui ils se contentent de les railler ou de les mépriser, en les enviant secrètement. Ils se plaisent à exercer les uns sur les autres une tyrannie profonde & cruelle. Ils ont tellement étendu le fil de leurs loix sur toutes les parties de la terre, qu'on rencontre ce fil à chaque pas, & qu'il faut être bien adroit ou bien heureux pour ne le point rompre. C'étoit là le secret de faire beaucoup de malhonnêtes gens; & ils l'ont parfaitement perfectionné, en interdisant mille choses légitimes & innocentes. Puis-je regarder sans frémir ces serrails nombreux, peuplés d'eunuques, sombres persécuteurs des plus parfaites beautés qui languissent dans les horreurs d'un désespoir qui ne finira qu'avec leur vie! Elles attendent d'un despote pâle, énervé, un foible soulagement qui ne fait que les irriter, tandis qu'un serrail d'hommes conviendroit bien mieux à chacune d'elles. Dans d'autres climats, il est d'autres serrails, où elles semblent adorer leur joug, où un soupir vers moi est une impiété, où dans de longs cantiques elles vantent au créateur le refus qu'elles font de perpétuer la race des hommes. Il faut qu'elles la jugent bien méchante, pour oser parler ainsi. J'ai mon tour; je les châtie cruellement; elles ont beau crier dans leurs couches solitaires, arrosées de larmes : O Nature! Nature! Je poursuis mon cours, & leur repentir me venge du mépris qu'elles ont fait de mon pouvoir.

Je n'étends pas moins mon indignation sur ces débauchés qui ne sont soumis qu'à leurs sens, qui brûlent leur imagination dans une poésie lascive. Malheureux! ils ignorent que le plaisir, pour être goûté, doit être simple, naturel, facile; ils ne connoîtront que le tourment de l'impuissance; la coupe de la volupté n'est point faite pour leurs lèvres enflammées d'un poison mortel. Je proscris encore ceux qui se font un jeu de déchirer un cœur crédule, & ces corrupteurs infames de l'innocence, & ceux qui font un abus détesté de mes bienfaits, & ces monstres qui outragent mes loix. Je rejette tous ces enfans pervers; je les accuserai un jour aux yeux du créateur, & ils seront punis; car tout ce qui est excès ne vient pas de moi.

Il en est d'autres qui voudroient borner ma fécondité. Faux calculateurs des biens de la providence dont ils se méfient, ils osent craindre de mettre au monde un être qui, selon eux, ne trouveroit ni assez de place sur la terre, ni cette terre assez abondante pour les nourrir. O que les loix qu'ils ont faites sont mauvaises, puisqu'il est si difficile de vivre chez ces hommes réunis en société! Mais, quoiqu'ils aient tout gâté, que ne connoissent-ils combien cette spéculation intéressée est outrageante envers moi, & criminelle aux yeux du créateur ! Tout leur crie : Qui es-tu ? Comment existes-tu ? Est-ce toi qui fait mûrir les présens de la terre ? Ce pepin que tu ensevelis dans son sein, sais-tu par quelle magie il va croitre, s'élever à quatre fois ta hauteur, te couvrir de son ombrage, te nourrir de ses fruits ? Est-ce toi qui l'as couronné de feuilles ? Est-ce toi qui donnes la vie ? Qu'as-tu donc à tant spéculer ? Va, marche où la Nature te conduit ; c'est elle qui répond du reste.

Si tu t'étonnes encore de voir régner un ordre aussi admirable parmi ce chaos de fausses opinions & de tristes extravagances, songes que c'est à ma bonté vigilante que cet ordre est dû. Je n'abandonne point mes enfans, quoiqu'ils dressent des autels à la Folie ; ma tendresse ingénieuse redouble de soins. Je me déguise sous le masque qui les séduit, j'amuse leur foiblesse, j'emprunte leur langage, je me prête à leurs caprices pour mieux les conduire au but où je veux les mener. Je leur cache jusqu'à mon pouvoir ; je tiens toujours leur cœur entre mes mains par ce fil indissoluble, mais j'agis sans violence. J'ai vu qu'ils aimoient les illusions, les ornemens de l'imagination ; je les ai employés pour resserrer leurs chaînes heureuses ; j'ai fondu tous les sentimens du cœur humain dans ce penchant primitif, puisqu'ils ne veulent point que leurs plaisirs soient exempts d'alliage. L'estime, l'amitié, l'amour-propre, la vanité, & jusqu'à la fortune, sont venus augmenter le domaine de cette passion. De libre & de folâtre qu'elle étoit, elle est devenue, il est vrai, sérieuse & terrible : l'art n'a fait qu'augmenter son ascendant ; elle a produit alors des incendies : mais j'ai préféré quelques désastres à l'anéantissement de l'espèce. Il s'agissoit de la conserver, doublement opprimée sous les fers de la superstition & de la tyrannie. Par mon adresse, son effet invisible a su braver les regards du plus fier despote ; & cette jeune fille, timide & modeste, sous le joug de la contrainte, en dit plus à ce jeune homme d'un coup-d'œil, que si, dans une entière liberté, elle sautoit à son col, & s'abandonnoit à tous les transports de son amour.

A présent, qu'ils gravent des loix bizarres sur l'airain & la pierre ; que dans leur enthousiasme pompeux ils croient me subjuguer ; qu'ils entassent préjugés sur préjugés : je me rirai d'eux, je me glisserai toujours parmi leurs jeux, leurs badinages, leurs cérémonies. Ils auront beau m'habiller de vingt couleurs différentes, je tirerai le fil secret de leurs cœurs. Cet endroit est mon sanctuaire, j'y régnerai quoi qu'ils fassent ; ils ne pourront m'en chasser sans s'anéantir eux-mêmes.

SONGE I.

Et crois-tu, sans moi, que cette chaîne solemnelle que viennent de se donner ces deux amans, dans un appareil imposant, ne seroit pas rompue aussitôt que formée, si le plaisir que leur préparent mes mains, n'ourdissoit la trame secrète de leur union ? C'est la chaîne de la Volupté, & non celle des loix, qui maintient leur intelligence, tandis que cette dernière, dans son ostentation, s'en attribue toute la gloire.

Pendant que la Nature me parloit, mon œil appliqué sur le verre, voloit d'objets en objets; je contemplois, avec une émotion inexprimable, les effets étonnans de ce flambeau qui vivifioit l'univers. Ces hommes qui ont fait trembler la terre sous le déluge de leurs armes, qui paroissoient des dieux à l'univers épouvanté, les bras rougis de carnage, la foudre dans les mains, tomboient aux genoux d'une beauté timide, abaissoient la hauteur insultante de leurs regards, pour mendier un coup-d'œil. Tous ces cœurs endurcis aux meurtres soupiroient; mais quelquefois les vœux des maîtres du monde étoient dédaignés. Un berger l'emportoit sur un monarque : la beauté vertueuse préféroit son amant à tous les trésors; & la tyrannie des despotes confus reculoit à l'aspect de la barrière invincible où expiroit leur vaste puissance.

Mais hélas! lorsque ce feu tomboit sur des ames perfides, accoutumées au crime, alors la rage évoquoit les furies de l'enfer; on méditoit les noirs complots; on aiguifoit le fer; on préparoit les poifons; on portoit l'embrafement de la haine & de la vengeance parmi les ténèbres paifibles de la nuit; le chaume étoit dévoré, les palais réduits en cendres, & les monumens affreux de la jaloufie épouvantoient ceux même qui les avoient dreffés. O Nature! pourquoi fecoues-tu ce flambeau facré fur ces ames féroces & viles? Elle me fit figne, & je vis dans le verre concave les ferpens, les tigres, les panthères, les infectes gonflés de venin, les animaux les plus affreux, reproduire leurs femblables dans leurs horribles embraffemens. La Nature détournoit fon augufte vifage, & gardoit un profond filence.

Et cependant toutes les actions courageufes, toutes les productions du génie, avoient pour principe ce feu vivifiant; il accéléroit les progrès de l'ame, il agrandiffoit le cercle des idées, il faifoit parcourir avec une rapidité furprenante une carrière où l'on n'auroit fait que ramper pefamment fans ce noble aiguillon. Tous les facrifices qui tiennent à l'héroïfme lui étoient familiers; toutes les entreprifes élevées lui étoient naturelles, & dans l'univers il n'étoit point de plus beau fpectacle qu'un cœur vertueux, échauffé de cette flamme divine. Toutes les vertus de la fociété naiffoient de ce fentiment précieux, comme d'une fource épurée. Alors elle n'avoit plus cette activité turbulente qui la rend funeste; elle étoit douce, modérée, & elle anéantissoit les peines de la vie, pour laisser régner à leur place cette satisfaction intérieure, le plus sûr gage du bonheur.

Mais ce qui me plaisoit surtout, c'étoit de voir cette égalité primitive des hommes, reprendre dans les pays les plus civilisés ses droits antiques ; les rois descendoient du trône, & mettoient bas le sceptre, la couronne & le manteau royal. Les dignités de toute espèce n'étoient plus regardées que comme un fardeau gênant, qui nuisoit aux embrassemens de la volupté. Les tiares, les diadèmes, les mitres, les simarres, les casques, les mortiers gissoient épars, & étoient souvent foulés aux pieds dans une impatience amoureuse; & je me disois: ils viennent tous nus au monde, ils rentreront tous nus dans la terre; ils quittent tout ornement étranger, pour se livrer aux inspirations secrètes de la Nature : & vous ne seriez pas tous égaux, ô mortels! Ah! cet appareil momentané, dont quelques-uns d'entre vous se décorent, n'est que les livrées de la folie, qu'ils déposent sagement lorsqu'ils veulent être heureux.

Je ne concevois pas comment ils pouvoient reprendre ce masque incommode, importun, qu'ils venoient d'ôter avec tant de délices ; mais l'habitude leur rendoit ce devoir indispensable, & ils étoient contrains de conserver par orgueil ce qu'ils avoient adopté dans leur premier délire. Leur injustice alloit jusqu'à accuser la Nature des entraves qu'ils s'étoient donnés eux-mêmes, tandis qu'elle ne tendoit qu'à supprimer les obstacles qui nuisoient à leur félicité.

Alors la Volupté au visage riant, à la démarche aisée, s'avança vers la Nature, qui étoit sa mère. Elle reconnut sa fille à son œil chaste, à son front coloré d'une vive pudeur; elle lui donna en ma présence une coupe d'or, & lui dit: allez parmi les hommes, qu'ils puisent le plaisir dans votre coupe enchanteresse, qu'ils se désaltèrent, mais qu'ils ne s'enivrent pas. L'orgueilleuse Ambition sera elle-même votre esclave, & plût au ciel qu'elle demeurât toujours enchaînée à votre char! la Volupté descendit sur la terre, & l'homme brava tous les maux pour se reposer un instant dans ses bras. Ce fut pour elle qu'il apprit à combattre, à triompher ou à mourir. Il cueillit des lauriers épineux pour obtenir un sourire de ses lèvres. Eh! qui pouvoit résister aux attraits de cette aimable souveraine? Mais pourquoi vouloir y résister? Tout étoit engourdi dans le monde, si par un rayon du plaisir elle n'y portoit le mouvement & la vie. Ame des êtres animés, elle repoussoit incessamment la main absorbante de la mort; c'est elle qui entretenoit l'immense création. Le farouche misanthrope poursuivoit son image dans les rêveries de sa noire mélancolie. Il versoit des larmes, & blasphémoit en l'adorant, cette reine de l'univers. Une voix douce fit entendre ces mots dans les airs: mortels, ne combattez point ses douces amorces; elles tiennent aux sens de l'homme, à son intime & profonde existence. Avouez, sages atrabilaires, avouez que son miel est doux. Ce que la Nature aime est nécessairement bon: le plaisir est le baume de la vie, le plaisir élève dans le cœur un sentiment de reconnoissance pour l'auteur de l'univers. Les cantiques de la raison sont froids; mais lorsque le cœur les féconde & les colore, alors ils sont brûlans, ils percent la voûte des cieux, ils portent l'encens d'un digne hommage aux pieds majestueux de l'éternel. Aimable & sublime législatrice, douce Volupté! commande, mais ne sois pas tyrannique. que tes loix gracieuses n'enfantent point l'ivresse, mais un sentiment réfléchi. Tu n'es pas descendue des cieux sur la terre pour abrutir l'homme, mais pour l'ennoblir; ne viole point ta fin glorieuse; tu te détruirois de tes mains, & tu deviendrois ton propre bourreau. Cette voix étoit celle de la Modération; elle embrassa la Volupté, & la Volupté me parut plus radieuse. Je la vis dans cette paisible & parfaite jouissance qui est sans trouble, sans inquiétude, sans emportement; le plaisir n'étoit plus ce mouvement machinal qui fatigue les sens plus qu'il ne les satisfait; il étoit aussi durable que modéré; son ivresse tranquille ne transportant point l'ame, n'empêchoit pas ses sublimes fonctions, & aucune loi n'étant violée, la Nature répandoit ses largesses dans l'ame heureuse qui l'avoit respectée.

O tendre! ô soigneuse mère! m'écriai-je tout-à-coup en reculant d'horreur; quel horrible revers! que vois-je? quelles sont ces flammes livides qui tombent de ton flambeau? Comment osent-elles se mêler & ternir l'éclat des flammes brillantes de la Volupté? Nature, que ta beauté est flétrie! ciel! que de malheureux périssent en se livrant à leur ardeur! cette flamme impure sort-elle des gouffres infernaux? Elle en porte avec elle tous les tourmens. L'homme atteint de cette vapeur empoisonnée, abhorre son existence, la perpétue avec horreur, & transmet son désespoir dans toute sa race infortunée. Il frissonne en embrassant le plaisir, & il y cède pour son malheur. Comment oses-tu couronner son ouvrage, & donner la vie à des innocens qui, un jour maudiront justement & leur père & toi? Je vois l'adolescent dans l'âge de l'imprudence, de la fougue & du plaisir, receler à son insçu ce poison dans ses veines; il le communique innocemment à sa tendre amante; ils périssent dans la fleur de leurs beaux jours; ils meurent dans des supplices solitaires, & le poids de la honte vient aggraver celui de la douleur. Il est

d'autres

d'autres fléaux; mais du moins la peste s'annonce, & n'a qu'un cours passager; la famine présente quelques ressources, & n'anéantit pas l'espoir; l'incendie de la guerre s'arrête; les volcans tonnent avant de vomir leurs feux : celui-ci, plus épouvantable, semble immortel; il s'est répandu sur toute la terre, sous l'appât perfide de la Volupté. Feu dévorant & caché, il mine la race entiere des hommes; il l'infecte en silence d'un venin horrible; il détruit le plaisir qui est plus que la vie; il corrompt le seul bien consolateur mêlé à la foule de nos maux; il frappe l'innocence, & dans elle les générations futures. Nous serions trop heureux, s'il ouvroit tout-à-coup les abymes de la mort. Mais non; le lait pur que tu distilles se tourne dans ton propre sein en un poison lent, & tes mamelles ne cessent d'abreuver tes enfans de ce breuvage homicide & douloureux.

Mon fils, me répondit la Nature, n'insulte pas aux plaies dont je suis couverte, & dont je gémis la première. Dieu a permis au mal d'épancher son amertume dans mon sein, & je le sentis en même tems déchiré en plusieurs endroits par les dents aigues de ce bourreau renaissant. J'avois caché cette peste dans des îles presqu'inaccessibles; l'imprudente audace des hommes a tout franchi. Que je fus consternée, lorsque je vis l'avide Européen porter la désolation au sein de l'Amérique, & dans ce même sang innocent qu'il avoit versé par torrens, vouloir transmettre son sang barbare ! il en fut puni, & l'Amérique est vengée. Les progrès de la contagion furent aussi rapides qu'affreux. Je me crus perdue, & j'élevai mes regards vers ce séjour, où la Justice sévère & la miséricorde souriante, les bras entrelacés, soutiennent ensemble le trône de l'éternel dans tout l'éclat de sa majesté. Il daigna faire signe à l'espérance, & cette avant-courière du bonheur vint, me soutint dans ses bras; le baume de ses paroles entra dans mes blessures. Fille sensible de l'éternel, me dit-elle, confie-toi entièrement en sa clémence; le plan du créateur est vaste, & il ne t'est pas permis de tout connoître; la soumission & le courage, voilà tes devoirs & tes vertus. Si le fer brûlant de la douleur purifie ta chair, c'est l'opération d'un instant; elle se réduit à une minute imperceptible, en comparaison des siècles qui doivent s'écouler. Tu es devant Dieu, ô Nature ! comme un enfant est devant sa mère; elle semble quelquefois l'abandonner un moment, pour voir de quel côté il tournera la tête : mais s'il sourit, s'il étend vers elle ses foibles bras, comme vers son unique asyle, alors elle court le reprendre dans ses bras maternels; elle le presse avec plus d'amour contre son sein; elle l'appelle à jamais son cher fils, son fils bien aimé; qui l'a reconnue, qui lui a souri tendrement &

avec confiance. Encore un instant, te dis-je, & tu sera initiée dans tous les secrets de l'Être suprême, & tu liras le plan de la création dans son sein lumineux, & tu ne trouveras plus d'ombres ni de nuages, & tu saisiras Dieu lui-même.

Un bruit discordant & plaintif se fit entendre, & me réveilla tout-à-coup; il partoit de la chambre voisine, où j'avois laissé ces amans malheureux, dont l'aventure m'avoit si vivement intéressé la veille. J'accours. Quelle scène terrible & touchante! un homme enflammé de fureur, que je reconnus pour le père de cette jeune femme, vouloit l'étrangler de ses mains; son amant le retenoit d'un bras vigoureux, & sembloit, en le ménageant, le contenir de toute sa force. Tour-à-tour il prioit & combattoit; il paroissoit à la fois, & le dieu protecteur de cette femme éplorée, & un fils suppliant & soumis. Toute la maison étoit accourue au bruit, plusieurs gens, qu'échauffoit la voix de ce père furieux, s'efforçoient de se rendre maîtres du jeune homme, tandis que les autres spectateurs, émus, attendris, prenoient sa défense. Cependant aux ordres d'un exempt, muni d'un pouvoir redoutable & qu'il fit connoître, au front courroucé d'un père qui réclamoit les droits qu'il avoit sur sa fille, tout céda; la force eut son effet.

On sépara les deux amans qui se tenoient étroitement embrassés. Je les vis tomber du comble du désespoir dans le silence morne de la douleur; ils paroissoient anéantis, & comme deux victimes qu'on va traîner au supplice.

J'apperçus l'enfant nouveau né à demi-éveillé par ce tumulte, & qui se débattoit dans son berceau. Encore agité de mon songe, & plein de l'image de la Nature, un mouvement extraordinaire m'inspire. Tout-à-coup je prends cet enfant dans mes bras, & le présentant à ce père inflexible: monsieur, lui dis-je d'une voix ferme, voici un enfant qui a besoin d'un père; c'est votre sang qui fait palpiter son jeune cœur, & ce cœur doit un jour bénir celui qui aura pris soin de sa foiblesse, ou détester celui qui l'aura abandonné. Voilà celui dans qui vous devez revivre, & dont la voix fera un jour ou votre gloire ou votre opprobre. Voyez cet innocent que votre barbarie veut priver de tout; voulez-vous qu'il vous maudisse? Le crime de votre fille est d'avoir cédé à un mouvement qui vous a maîtrisé vous-même plus d'une fois, & que vous n'avez pu domter. Elle a mis au monde, sans votre aveu, peut-être sans le sien, un fils qui ne doit point être coupable à vos yeux. Il ne tient qu'à vous de réparer cette faute, & de légitimer ce fils qui doit vous chérir & vous respecter. Des préjugés cruels vous feront-ils sacrifier ce que vous avez de plus cher au monde?

Quant à ce jeune homme, il aime, il est aimé ; il vous offre une main vertueuse ; quelles richesses demandez-vous donc? Ah! le sourire de cet enfant, avouez-le, a plus de charme & de valeur qu'un triste monceau d'or. Sa mère est votre fille ; c'est un cœur nouveau que vous acquérez. Quel autre titre doit porter le père de cet enfant que celui de son époux? Il le mérite, puisqu'il en a rempli les devoirs ; estimez son courage & cette ame sensible & fière, qui vous aime malgré vos rigueurs.

Ce père, encore plus frappé de l'aspect de cet enfant que de mon discours, restoit immobile en le contemplant. Il s'étoit débarrassé d'une partie de ses langes ; & soit l'effet du moment ou d'un heureux hasard, il fixoit son aïeul avec la même douceur qu'il fixoit sa mère. Il lui tendoit même en sourissant, deux petites mains innocentes. Je me hasardai à le remettre dans ses bras. Voilà son asyle, m'écriai-je ; il est dans le sein de la Nature, il n'en sortira pas ; ce sein ne se fermera point à ses pleurs. Pourroit-il le rebuter?.... Son visage commençoit déjà à trahir l'émotion de son cœur ; il s'efforçoit vainement de la déguiser. Dans ce premier trouble, il ne put s'empêcher d'approcher cet enfant de sa bouche, & de le baiser. La mère désolée, attentive à tous ses mouvemens, saisit cet instant ; elle se jeta à ses pieds; & d'une main soutenant son enfant, le pressa contre le visage d'un père, elle prit sa main de l'autre, & l'arrosa d'un torrent de larmes. Le jeune homme, quoiqu'un peu éloigné, mit lui-même un genou en terre; & moi debout, les yeux humides, les bras étendus, j'excitois ce père déjà ébranlé, à la pitié, à la commisération. Il ne tarda pas à porter une main à ses yeux pour en essuyer une larme; & gardant un silence qui présageoit quelque grand évènement: tu m'as vaincu, dit-il tout-à-coup à sa fille; je ne m'attendois pas à ce coup de tonnerre. Il vient du ciel; c'est lui qui conduit tout. Qu'il soit béni à jamais! lève-toi! je n'ai plus de courroux, je te pardonne, & je sens que mes larmes se mêlent aux tiennes..... Cet enfant...... Ah!..., laisse-moi, tu m'attendris trop..... Prends ton fils, il devient le mien... Aimez-moi tous les deux. Il dit; & baisant cet enfant avec un nouveau transport, il le remit dans les bras de sa mère. Alors le jeune homme osa s'avancer, prendre sa main & la baiser d'un air respectueux; & moi, cédant à la force du moment, je tombai à ses genoux, comme si j'eusse été son propre fils, comme s'il m'eût accordé ma grace. Il ne nous releva point; il pleura long-tems, il pleura abondamment, se cachant le visage, retournant par intervalles au berceau de l'enfant, qu'il confidéroit avec des yeux attendris. Tous les témoins de cette scène, interdits & touchés, étoient livrés aux divers mouvemens de la surprise, de la tendresse & de la joie.

L'amour & la reconnoissance ne se manifestèrent jamais par des expressions plus vives & plus touchantes; autant la fureur éclatoit une heure auparavant, autant le triomphe de la Nature victorieuse étoit paisible & attendrissant. Ce père si dur, si inflexible, paroissoit honteux des excès où il s'étoit livré; sa confusion entre un fils, une fille & un petit-fils, formoit un tableau qui demanderoit un autre pinceau que le mien. Ce fut ainsi que le geste innocent d'un enfant désarma la colère d'un homme irrité, que tout autre auroit tenté vainement de fléchir. O Nature ! Nature ! disois-je tout bas, voilà de tes coups; tu as tiré le fil secret qui unit le cœur de tous tes enfans, & tes enfans t'ont obéi ! Il faut revenir à toi pour être sensible, pour être humain, pour être heureux. Le père ne pouvoit rassasier sa vue de cet enfant chéri, qui avoit fait tomber toute sa fureur; il revenoit vingt fois le caresser; le cœur d'une mère jouissoit de ce spectacle, & n'en perdoit pas une circonstance. Il se promettoit déjà le plaisir de le présenter à toute sa famille. La mère essuyoit ses larmes, mais celles-ci étoient d'alégresse. Le jeune homme vint m'embrasser en silence; & moi satisfait de la victoire de la Nature, je partis, emportant le plaisir délicieux d'avoir vu tout changer au gré de leurs vœux & des miens (1).

---

(1) Un comédien nommé Armand, dans une pièce intitulée, *le Cri de la Nature*, s'est approprié le plan, les caractères & les expressions de l'auteur.

DE LA GUERRE.

SONGE II.

J'ÉTOIS sur les frontières d'une province inondée du passage de cent mille hommes : l'ordre qui les rassembloit, leur marche impérieuse réglée au son éclatant de plusieurs instrumens guerriers, leur farouche obéissance, tout m'offroit un spectacle imposant. Je réfléchissois sur le motif qui pouvoit rassembler tant d'hommes sous les mêmes étendards. Ah! disois-je en moi-même, si c'est la vertu qui les conduit, s'ils vont frapper quelque tyran & en délivrer la terre, s'ils marchent pour assurer la liberté des mortels qu'on opprime, ils méritent nos respects & notre amour : ce sont les défenseurs sacrés des droits de l'humanité.

Tout-à-coup cette multitude de soldats fit halte & se dispersa de côté & d'autre. La tête échauffée des pensées qu'avoit fait naître cet amas prodigieux de combattans, je suivois leurs pas & tâchois de démêler dans leurs gestes les sentimens qui les animoient. Quelle fut ma surprise de voir ces hommes, enfans de la même patrie, revêtus de la même livrée, tirer l'épée l'un contre l'autre avec une opiniâtreté furieuse ! Je courus à l'un d'eux ; mais il étoit déjà trop tard : il retiroit son épée fumante du cœur palpitant de son camarade. O malheureux ! m'écriai-je ; quoi, ton compagnon, ton frère ! Il est bien digne de l'être, me répondit-il d'une voix assurée ; il est mort en brave homme. —— Mais que peut-il t'avoir fait, pour le traiter aussi cruellement ? — Rien. C'est un nouvel enrôlé : nous avons eu querelle ; & c'est l'usage de payer son entrée par quelque preuve de bravoure non équivoque : il a fait les choses comme il faut ; cette affaire lui fera honneur, & nous regreterons qu'il se soit laissé tuer. S'il eût forcé un peu plus la parade, il auroit évité le coup, & sûrement nous aurions vécu très-bons amis. — Est-il possible ? répondis-je ému, étonné. Quelle étrange barbarie ! Mais vous êtes un homme perdu ; sauvez-vous : ses camarades, ses supérieurs seront forcés de venger son sang. — Bon ! j'ai suivi leur exemple, & celui qui s'y refuseroit seroit regardé comme un lâche. Notre gloire est de braver en tout tems la mort ; & vous pensez bien que quiconque n'a point craint un adversaire en tête, ne redoutera point la présence de l'ennemi : ce sont-là des échantillons de courage. — Voilà un courage fort utile à la patrie ! — Oh ! cette mort n'est rien. Voyez là-bas ces deux compagnies qui se battent ; les beaux coups qu'ils se portent ! — Pourquoi donc cette férocité frénétique? N'ont-ils pris le même uniforme que pour s'égorger? — Point du tout. C'est la couleur des paremens & la différence des boutons qui causent leur inimitié. — Mais ils marchent ensemble sous les mêmes drapeaux; ils vengent la même querelle. — Oui; mais en attendant, ils vident leurs débats particuliers. Ils se haïssent entr'eux certainement plus qu'ils ne détestent l'ennemi qu'ils vont combattre; & chaque officier se trouve rival & jaloux de l'officier qui occupe un grade au-dessus du sien. Bientôt nous tournerons nos forces contre ***, & alors nous verrons beau jeu. — Quoi! vous allez encore chercher dans un autre monde des hommes à tuer? Mais, si vous continuez, vous vous détruirez vous-mêmes avant d'être en présence de l'ennemi. — Que nous importe? Nous ne vivons que par la mort; & pour que l'un s'avance, il faut que l'autre soit tué. Voilà tout ce que je sais. — Quel horrible métier vous faites, mon ami! Pourquoi vous entr'égorger? Pourquoi verser le sang d'un camarade? Pourquoi endurcir votre ame gratuitement? N'avez-vous jamais éprouvé la pitié, la commisération? Vous allez de sang-froid faire des orphelins, des mères gémissantes. Ah! si vous écoutiez votre cœur, sûrement il vous condamneroit. — Je n'entends rien à tous ces beaux mots-là; voici le vrai. J'ai mené une vie assez incertaine jusqu'à l'âge où je me suis trouvé haut de cinq pieds six pouces. J'étois doué d'un estomac d'autruche, & j'avois beaucoup de peine à lui fournir de quoi digérer. Un homme tout galonné, cocarde en tête, canne en main, vint me toiser; & me montrant au bout d'une longue perche une ample provision de gibier, fit résonner à mes oreilles une trentaine d'écus renfermés dans un sac. Qui pourroit échapper à de pareilles amorces ? Votre prétendue figure de la patrie seroit venue toute en pleurs se jeter à mes genoux en me priant de la secourir, qu'elle n'auroit pas fait sur mon ame une aussi touchante impression. Le jour de mon engagement fut le plus beau de ma vie. Je n'avois jamais absolument contenté mon appétit : j'eus du vin, des filles ; je fis grand'chère & du tapage impunément. Les jours suivans ne répondirent pas à ce jour fortuné. Je sentis le poids de l'esclavage; j'ai déserté sept fois en quatre ans, ne tenant à rien, voyant d'un œil égal la victoire ou la défaite, aussi peu attaché à un gouvernement qu'à un autre, & ne perdant rien en perdant tout. Notre sort, vous le savez, ne change point après vingt victoires : le soldat obtient rarement les distinctions militaires ; des officiers supérieurs s'attribuent toute la gloire des armes & s'en réservent tout le prix. J'entendois la voix de chaque potentat qui me crioit : Je t'accorde du pain, mais à condition que ton sang m'appartiendra tout entier, & coulera au moindre signal de ma volonté. J'ai donc vendu mon sang le plus cher qu'il m'a été possible.

Je ne vous parle point des rudes travaux que j'ai essuyés, des marches longues & penibles que j'ai faites au milieu de l'hiver, combien de fois le froid & la faim se sont unis pour m'accabler, combien de fois je fus réduit à coucher sur la terre, morfondu par une bise piquante. J'ai eu quelques bons momens ; j'ai savouré plus d'une fois le plaisir délicieux de la vengeance. Un jour, après deux mois de fatigues, entrant dans une ville prise d'assaut, forçant les portes de vingt maisons, enlevant tout ce que je trouvois, j'aperçus une jeune femme, les cheveux épars, fort jolie, qui se cachoit, tenant un enfant dans ses bras. L'ardeur du pillage cède en ce moment à un appétit luxurieux. Tout est permis dans une ville prise d'assaut. Je perce deux de mes camarades qui vouloient me la ravir ; j'égorge l'enfant, dont les cris m'importunoient ; je viole la mère, & je mets le feu aux quatre coins de la maison. — Vous me faites frémir. —Bon ! L'espèce humaine est comme l'herbe des champs ; on la fauche, elle renaît : il ne faut qu'une nuit pour réparer le sac d'une ville. Oh ! nous ne laissâmes pas subsister deux pierres l'une sur l'autre : les ordres étoient ainsi donnés.

Je passe sous silence d'autres faits héroïques familiers à nous autres braves gens. Je ne vous dirai point que j'ai passé deux fois intrépidement par les baguettes; que mes propres camarades, transformés en bourreaux, ont fait ruisseler le sang de mes larges épaules. J'ai eu ma revanche; & mes officiers, tranquilles spectateurs, ont loué plus d'une fois la vigueur de mon bras. Enfin je suis revenu sous mon premier drapeau, à la faveur de l'amnistie; & quoique je n'y sois pas mieux qu'ailleurs, j'espère faire plutôt ici mon chemin. — Quel chemin, s'il vous plaît? — Parbleu! voilà la première étincelle de la guerre : nous allons soigneusement l'entretenir. Vous voyez ce régiment habillé à neuf, avec ces enseignes flottantes? Dans un mois peut-être, il n'en restera qu'un sur cent : vous sentez bien qu'alors j'entrerai dans ce beau régiment, & que ma paie sera haussée de trois sols par jour. — Quoi! seroit-il possible que vous pensassiez ainsi? — Non pas seulement moi, mais encore mes camarades, tous nos officiers qui ne demandent qu'à hériter; & vous savez qu'on n'hérite que des défunts.... Je regardai cet homme avec effroi; je lui fis un petit présent, en lui recommandant beaucoup d'être humain. Il sourit à ce mot, & je m'éloignai.

Je rencontrai, chemin faisant, une compagnie qui s'en alloit tambour battant, & qui murmuroit

Songe II. 47

hautement. Toujours trompé par les inspirations de mon cœur, je crus qu'elle maudissoit la guerre. Sans doute, lui dis-je, que l'humanité plaide dans votre ame la cause des malheureux que vous allez massacrer? — Point du tout, me dit l'un d'eux. On nous envoie dans un misérable pays, nu, stérile, où il n'y aura rien à piller que la soupe du paysan; tandis que nous sortons d'un pays gras, où nous avions de quoi ravager à notre aise. Mais notre chef a déplu au ministre, & nous en portons tous la peine.

Je me retirai, bien résolu de ne plus faire de question. De retour chez moi, je voulus me consoler avec des livres : je cherchois un remède à ce fléau antique qui embrase la terre. J'ouvris le fameux traité de Grotius : je lus ce grand ouvrage; & à la froideur révoltante qui y règne, aux exemples de barbarie accumulés avec une patience incroyable, à ses tristes, inutiles & longues définitions, le dégoût me surprit; je l'essuyai d'un bout du livre à l'autre. Jamais plus beau sujet ne fut plus mal traité. Quoi, le globe de la terre couvert de sang ! Quoi, ce métier d'égorger regardé comme le comble de la magnanimité, puni dans le scélérat obscur qui vous attend au coin d'un bois, honoré dans celui qui le commet au bruit des trompettes & des fanfares! Quoi, cette folie injuste & abominable, qui n'est le plus souvent funeste qu'à l'innocence, au lieu d'allumer entre les mains de ce philosophe le flambeau de la vérité redoutable, au lieu de pénétrer son ame d'une indignation forte & rapide, ne lui inspire que les moyens de légitimer ce qu'il y a de plus horrible, de commettre le crime avec ordre, & de s'appuyer encore de passages aussi dégoûtans que pédantesques! Ce sont bien des autorités qu'il faut! Il faut casser toutes les autorités humaines, pour ne faire valoir que celles de la raison & de l'humanité. Loin de remonter aux principes, loin de porter le fer & la flamme dans une plaie gangrenée, il use de remèdes palliatifs; il couvre d'un manteau de pourpre ce monstre de la guerre; il met un masque sur son front, un diadême sur sa tête; & lorsqu'il dégoutte de sang humain, il se prosterne & n'aperçoit que la pourpre royale. (1) Ah! disois-je en moi-même, quel sera l'homme qui dépouillera ce géant de l'appareil qui semble l'ennoblir, pour ne laisser voir que l'ogre hideux affamé de la chair des enfans, des foibles, des innocens, & respirant avidement l'odeur du carnage & de la mort, à travers l'espace des empires & la vaste étendue du monde? Je brûlai le livre de Grotius, faisant des vœux pour

_____

(1) Il est une guerre légitime, une guerre de défense, qui rentre dans le droit naturel.

que ce siècle ne se passât point sans avoir produit un ouvrage approfondi sur cette importante matière.

Rempli d'une mélancolie profonde, je me jetai sur mon lit, comme pour oublier ce que j'avois vu, & encore plus ce que j'avois lu. A peine le sommeil se fut-il emparé de mes sens, que je me trouvai en pleine campagne, & sous un ciel étranger. Là, plus de quatre-vingt mille hommes s'étoient formé des lits de paille sous le couvert d'une toile légère & portative. Jamais coup-d'œil plus étonnant, plus superbe, n'avoit frappé mes regards. Voilà, dis-je, les hommes dans leur premier état & dans leur première liberté; les remparts menaçans des villes ne les tiennent point captifs. Mais en examinant de plus près ces hommes, je vis qu'ils portoient des armes meurtrières; j'aperçus une file de trente canons géométriquement pointés: moi-même, ô surprise! vêtu d'un juste-au-corps rouge, un havresac sur le dos, je me trouvois soldat; un long tube de fer qui vomissoit la mort étoit entre mes mains pacifiques, & l'infernale baïonnette pendoit à mon côté. Le tambour se fit entendre: je jetai bas les armes en philosophe, comme firent jadis Horace & Démosthène. Tout-à-coup on m'arrête; on me donne les noms de parjure, de lâche; on me rappelle les sermens que j'avois faits la veille.

Hier, me dit-on, lorsque vous étiez ivre, vous avez promis... — J'ai promis, moi? Ah! sûrement, messieurs, j'étois bien ivre lorsque j'ai promis de tuer mes semblables. J'allois faire un beau discours pour leur prouver que je ne devois point me battre, lorsqu'il fallut marcher, entraîné par l'exemple & par la foule obéissante. En cela je ressemblois à bien d'autres, qui faisoient cependant parade de valeur. Le tonnerre des mortels, qui détruit plus d'hommes en un jour que le tonnerre du ciel n'en détruit pendant des siècles, donna le signal de la bataille. Je vis le firmament tour-à-tour enflammé & obscurci par des volcans de flamme & des torrens de fumée. Le plomb fatal siffloit & voloit de toutes parts; les chefs à grands cris poussoient, précipitoient la file pressée des soldats: tous, dans une obéissance aveugle, couroient arroser de leur sang des monceaux de cadavres. Obligé de faire feu, je dirigeois le bout de mon fusil dans le vague des airs, aimant mieux mourir que de frapper un être sensible. L'horreur pâlissoit mon front: ceux qui me reprochoient ma peur s'efforçoient de noyer la leur dans une boisson forte qui leur égaroit l'esprit. Quel spectacle! Je doute que l'enfer puisse jamais en présenter un aussi odieux. Des cris lamentables, le fracas du canon, le roulement de cet épouvantable tonnerre assourdissant les oreilles & endurcissant les cœurs; des hommes étendus & mourans, mêlés avec des chevaux; d'autres se traînant à demi-écrasés, & poussant des hurlemens effroyables qui ne touchoient personne; des yeux éteints, immobiles; des visages pâles & sanglans, que couvrent des cheveux hérissés; des voix suppliantes invoquant le trépas; toutes les scènes de douleur, de souffrances, de cruautés; tous les tableaux de la rage, de la fureur, du désespoir, toutes les sortes de blessures, tous les genres de mort, tous les tourmens rassemblés; la nature & l'humanité mille fois outragées sans remords; les oiseaux du ciel fuyant épouvantés; les seuls corbeaux marquant leur joie par des croassemens, suivant les guerriers à la trace & attendant leur proie. Ciel! quels objets de démence & de terreur! J'avançois sur des corps entassés, & les dents d'un moribond expirant dans la rage me déchiroient la jambe, lorsqu'un homme armé de fer, plus fougueux que le coursier qui l'emporte, m'enlève par les cheveux & dresse son cimeterre pour m'abattre la tête; mais un boulet enflammé vint, & me coupant en deux, dispersa loin de lui mes membres mutilés.

On ne fut jamais si content d'être mort. Bientôt je perdis de vue & le champ de carnage & ces hommes insensés qui, dans leur folie héroïque, égorgeoient pour être ensuite égorgés. Je ne distinguois plus cette terre déplorable que comme un point foiblement éclairé. Je traversois rapidement d'humides ténèbres. Au sortir du bruit affreux & discordant des combats, je me trouvois dans un silence & dans un calme universel. Fragile jouet des airs, je commençois à devenir inquiet sur mon sort, lorsque je sentis mes pas s'affermir sur une base plus solide. Je m'aperçus que j'avois pris la forme d'un squelete d'une blancheur extrême ; mais je ne conçus aucune horreur de ma nouvelle métamorphose. En effet, je ne sais pourquoi l'on a tant de frayeur de ses propres os: la charpente d'une belle maison est peut-être aussi admirable que la décoration extérieure qui lui sert d'ornement.

Mon squelette blanc se trouva donc parmi une multitude d'autres squelettes aussi nus que moi. Nos ossemens, en se choquant dans la presse, formoient un cliquetis singulier qui resonnoit au loin. Je ne pouvois maîtriser un saisissement secret à la vue de ce triste séjour. Je ne considérois pas de bon œil mes compagnons de misère. Tous leurs mouvemens étoient brusques ; & quoique réduits au plus misérable état, ils marchoient encore la tête levée & d'un air orgueilleux. Cependant des nuages étincelans rouloient au-dessus de nous ; ils vomissoient les flèches tortueuses

Songe II.

de la foudre : les éclairs qui partoient de ce ciel menaçant, répandoient une lueur sombre & effrayante.

Une voix aussi douce que céleste retentit à mon oreille, & me dit : Te voilà dans un des vallons où la Justice descend pour juger les morts coupables ; celui-ci s'appelle la vallée des homicides. O Dieu ! m'écriai-je, seroit-il possible ? Mon cœur est pur, mes mains sont innocentes. J'ai été surpris, entraîné dans la foule des assassins ; mais je n'ai été l'instrument d'aucun meurtre. Rassure-toi, reprit la voix ; il en est d'innocens qui se trouvent mêlés, ainsi que toi, avec ces barbares : mais je suis ici pour les consoler en attendant le grand jour, & tu n'es dans ce vallon que pour faire rougir ceux qui ont voulu te forcer au crime. La Justice, fille aînée de l'Être suprême, vient éclairer ce lieu tous les six mille ans : tu n'as plus que cinq cents années à attendre. Je marquois vivement & mon impatience & ma douleur. La voix reprit : Tu t'imagines peut-être que tu te traîneras encore d'années en années, de jours en jours d'heures en heures, comme sur ce globe que tu as habité. Désabuse-toi ; car depuis que je te parle, cinquante années déjà sont écoulées. A ces paroles, l'espérance vint ranimer mon cœur : je me mis à observer ces squelettes ambulans ; la dureté de leurs cœurs sembloit s'être communiquée à leurs offemens; ils se heurtoient rudement entr'eux. Je prêtai l'oreille à certain murmure confus, & je distinguai le bruit effrayant & sourd du torrent rapide des siècles, que la main du Tems précipitoit dans le lac immobile de l'éternité. Tout-à-coup ce torrent impétueux cessa de couler. La Nature fit comme une pause; cent tonnerres furieux crevèrent le flanc des nuages, & voici qu'une pluie abondante de sang tombe aussitôt sur les coupables; c'étoit tout le sang versé depuis l'origine du monde qui retomboit sur chaque meurtrier. Je vis en un moment tous ces squelettes couverts de gouttes ensanglantées, qu'ils tâchoient vainement d'effacer. N'appréhende aucune de ces taches, me dit la voix de la Consolation: elles ne tombent que sur les homicides. Chaque goutte représente un assassinat. Ce sang fait leur honte & leur supplice; il leur imprime le remords, la douleur & le désespoir. Frémis pour eux! l'instant terrible est arrivé.

Aussitôt les nuées s'écartèrent au loin; un jour lumineux descendit de la voûte céleste, & devint peu à peu si resplendissant, que toute cette multitude teinte des marques criminelles qu'elle portoit, se couchoit sur la terre & sembloit vouloir se cacher dans ses abymes. Moi-même, quoiqu'ayant conservé la blancheur, emblème de mon innocence, je ne pus résister à une frayeur respectueuse:

je tombai prosterné. La Justice éclatante parut au milieu des airs, non avec ce front courroucé, ce glaive, ces balances que nous lui donnons ici-bas, revêtue d'un manteau bleu parsemé d'étoiles d'or, elle tenoit d'une main un sceptre d'un feu blanc, tandis que l'autre se portoit avec tristesse sur son front, à la pensée des crimes qu'elle étoit obligée de punir. Sur ce front touchant, Dieu même avoit imprimé toute sa majesté : les nobles traits de son visage, quoiqu'un peu sévères, inspiroient la confiance & sembloient plaindre les malheureux coupables en les condamnant. Quelle beauté ineffable ! Que son aspect faisoit naître de regrets & d'amour ! Quels remords affreux dans la race des homicides, d'avoir outragé cette majestueuse déesse ! Environnée de toute sa gloire, assise sur son trône auguste, des gémissemens s'élevoient au souvenir de ses saintes loix méconnues ou violées. Le soleil de la vérité lui servoit de couronne, & toute cette vaste scène étoit éclairée par la splendeur de ses rayons. Le Tems vint déposer son horloge aux pieds de la Justice; & repassant le sable des années, elles s'écoulèrent une seconde fois avec une rapidité inconcevable. Chaque mort y revit avec effroi les instans d'une vie dont il devoit rendre compte. A la gauche de la Justice, une voix tremblante servoit d'interprète aux coupables, & faisoit tous ses efforts pour les justifier. Cette foible voix se nommoit Politique, Raison d'état : tout ce qu'elle disoit tenoit du délire, de l'inhumanité, de l'extravagance. Une autre voix plus forte & plus éloquente, qui étoit à droite, foudroyoit ses vains discours ; c'étoit l'Humanité. Au son de cette voix victorieuse, les meurtriers étoient saisis de terreur : ils avouoient leurs crimes, & la pleine connoissance de la vérité faisoit leur supplice.

Cette multitude, tremblante devant les regards de la Justice, cherchoit en vain quelqu'asyle. Tous ces potentats si fameux étoient nus, tremblans comme les autres ; plusieurs milliers d'hommes en accusoient un seul, & le rendoient responsable de tous les meurtres qu'ils avoient commis. La voix du côté gauche prononça si fréquemment le nom d'Alexandre pour excuse, que la Justice ordonna qu'il comparût seul. Je vis alors un squelette de taille médiocre, les vertèbres du col penchées, & tout rouge de sang, sortir en tremblant de la foule où il se tenoit caché. Le murmure qui se fit entendre sur son passage augmenta sa confusion. Nu, petit, dépouillé, il faisoit pitié. Quoi ! dit la Justice, voilà donc celui qui vous a ordonné le crime, & auquel vous avez obéi préférablement à l'équité, à l'humanité, à votre propre conscience ? Contemplez la bassesse de votre idole ; elle-même reconnoît son néant. Par quel enchantement êtes-vous devenus des esclaves sanguinaires, tandis que tout vous crioit que la Nature ne vous avoit pas faits pour servir les fureurs orgueilleuses de ce despote?

Pour toi, qui as sacrifié mes loix au penchant d'une ambition forcenée, tu te vois aujourd'hui l'horreur des complices même de tes forfaits; mais ce n'est point assez, je vais te faire voir à qui tu peux être comparé. Au même instant elle fit signe de son sceptre, & un autre squelette, à peu près de même taille qu'Alexandre, prit place à côté de lui. Il n'étoit pas tout-à-fait si rouge de sang; mais ses os étoient fracturés en divers endroits. Je remarquai que les coups du fer, instrument de son supplice, avoient même enlevé les taches principales. Regarde, Alexandre, dit la Justice, regarde ton émule; il ne manquoit à ce brigand que la force & la puissance pour t'égaler, & il se seroit servi des mêmes moyens que toi pour ravager le monde. Son courage fut aussi grand que le tien; mais gêné par les obstacles, il fut réduit à égorger dans l'ombre ses concitoyens. Ceux qui veillent à l'observance de mes loix furent heureusement assez forts pour conduire l'homicide sur l'échafaud; il y avoua ses crimes, & se jugea digne du supplice le plus honteux.

Malheureux! tu ne différes point de ce brigand; &, plus à plaindre, le châtiment n'est point tombé sur ta tête. La force a soutenu ton bras de fer qui écrasoit les humains; tu brûlas mes loix dans l'incendie des villes; tu forças les mortels effrayés à te dresser des autels; tu perças le sein de l'amitié; le scandale de tes victoires a égaré des rois qui, à ton exemple, sont devenus injustes. Approche, cruel César, toi qui pleuras devant la statue de ce meurtrier, dévoré de l'ambition d'en mériter une semblable. Tu ne fus arrêté, ni par le génie de Rome, ni par les pleurs de ta patrie. Armé d'un poignard, tu déchiras son sein lorsqu'elle te tendoit les bras. Tu détruisis la sagesse de six siecles de gloire, pour établir sur leurs ruines les regnes affreux du despotisme. Va, ton nom commence à devenir en horreur, ainsi que ceux des Tamerlan, des Attila, des Charles XII, des Gengiskan. Les sages proscrivent leur génie odieux & funeste; il n'est que la foule aveugle qui soit encore séduite, & qui, dans ses idées basses, ne puisse confondre le criminel puissant qui échappe au supplice, & le coupable obscur qui le subit justement.

Princes, conquérans, généraux, guerriers, quelques noms superbes que vous portiez, vils ambitieux, hommes de sang, frémissez! Vous avez accoutumé les hommes à s'entre-détruire; vous avez fait de la guerre un fléau habituel & renaissant; vous avez osé attacher une gloire au

Songe II.

meurtre; c'est vous, sans doute, qui répondrez des crimes que vous leur avez fait commettre : mais celui qui est venu vous offrir une main sanguinaire, celui qui, pouvant arrêter la cruauté, ou se dispenser d'en être le complice, a servi vos fureurs pour un coupable intérêt, celui-là, dis-je, s'est rendu aussi punissable que vous. Eh! de quel droit un mortel ose-t-il donner la mort ? Son existence n'appartient-elle pas au Dieu qui l'a créé ? La destruction est un attentat envers l'Être suprême : frémissez, homicides, en ma présence ! rien ne peut vous excuser; le sang de vos frères crie vengeance. Celui-là même qui n'est couvert que d'une goutte sanglante, sera tourmenté plusieurs siècles par le feu dévorant du repentir. Vous soupirerez encore de regrets, lorsque la clémence du Dieu de miséricorde voudra bien vous absoudre ; car, faut-il vous le dire ? cette tache est ineffaçable.

Vous n'avez agi que pour mériter l'admiration des races futures. Eh bien! vous êtes condamnés à souffrir jusqu'au moment heureux où les peuples éclairés maudiront la guerre & ceux qui en ont allumé l'horrible flambeau. Alexandre! il faut que ton nom soit en horreur sur toute cette terre où tu voulois être déifié; il faut que tous ceux qui ont suivi ton exemple, soient mis au rang des scélérats, avant que tu puisses espérer quelque pardon. Puisse ce tems n'être pas aussi éloigné que le demanderoit la réparation de tes forfaits ! Souffre avec patience : on commence déjà à te détester ; on attache à tes exploits l'idée d'injustice & de barbarie ; des sages ont frappé d'opprobre tes fougueux imitateurs.

Un autre squelette sortit de la foule, comme pour se présenter aux pieds de la Justice, & la voix du côté gauche devint son interprète. O suprême Justice ! dit-il, je suis tout couvert d'un sang qui me tourmente, &, tu le sais, je n'ai jamais tué personne. La voix qui étoit à droite répondit : Tu n'as jamais tué ; mais, malheureux, tu as chanté les héros meurtriers, tu les a excités au carnage : en immortalisant leur nom, tu as immortalisé le crime des conquêtes ; tu les nommois des triomphes légitimes ; & posant hardiment les lauriers sur une tête barbare, tu n'as pas rougi de montrer la gloire au milieu des villes détruites, des temples & des palais embrasés. Le massacre des hommes devoit-il être l'objet du langage des dieux ? Les chants du génie devoient-ils servir les attentats de l'ambition ? La colère des rois mérite-t-elle d'être ennoblie ? Ah ! c'étoient des larmes que tu devois verser sur le sort de l'humanité souffrante, ou plutôt tu devois employer le génie dont la Nature t'avoit doué, à faire valoir ses droits éternels & sacrés : alors

Songe II.

tes vers auroient été plus sublimes & plus respectés. En avilissant les combats, en les rendant odieux à toute la terre, en les livrant d'avance à l'horreur de la postérité, l'on eût vu la gloire sanglante renversée de son char, dépouillée de ses rayons mensongers; l'Humanité t'eût serré dans ses bras en pleurant de joie; l'hommage des mortels sensibles & le regard approbateur du ciel auroient été ta récompense. Que ta poésie soit lue, admirée, à cause de son harmonie, tandis que tu expieras ici l'abus que tu as fait des plus précieux talens!

Je l'avouerai en gémissant, je vis Virgile, Horace, Ovide, ces rares & beaux génies, mais indignes adulateurs du pouvoir arbitraire, suivre les pas de cette ombre désolée. Ils furent punis, comme le chantre d'Achille, pour avoir caressé le monstre qui signa les proscriptions, pour avoir abusé le monde par des vers aussi méprisables qu'ils sont coulans, pour avoir les premiers donné l'exemple honteux de diviniser le diadême sur quelque front qu'il repose. Tous ces lâches historiens qui ont déguisé la vérité, cette foule de flatteurs qui conseillèrent le crime qu'ils n'osèrent commettre, ceux qui ont formé le cœur des tyrans, ou qui, plus criminels encore, ont corrompu l'art de parler au genre humain, tous ces pervers, dis-je, étoient traités comme s'ils eussent versé le sang humain : car ils peuvent être rangés dans la classe des plus cruels ennemis de l'homme; & Machiavel n'étoit, la plume en main, que ce que Néron étoit sur le trône.

La Justice fit entendre sa voix majestueuse, & dit : Paroissez à votre tour, héros chéris, qui n'avez combattu que pour assurer le repos du monde! vous dont la valeur utile a été la protectrice des foibles & l'asyle de l'innocence, vous qui avez été aussi supérieurs à vos passions par votre sagesse, qu'à vos ennemis par votre courage. Approchez, guerriers humains, aussi braves que sensibles, respectables soutiens des peuples, qui n'avez tiré l'épée que pour arrêter l'homme sanguinaire qui venoit les égorger! Vous gémissez vous-mêmes sur ce sang impur que vous avez été forcés de répandre; mais vos regrets ne doivent durer qu'un instant : c'est un tribut que vous payez à la Nature; elle vous tient quittes dès que je vous justifie. Alors on vit paroître les Séfostris, les Epaminondas, les Scipion, les Marc-Aurèle, Charlemagne & Henri IV. Ils étoient sans tache; les rayons lumineux du soleil de la vérité resplendissoient autour d'eux, & rendoient plus effrayantes les gouttes ensanglantées qui couvroient les coupables. La Justice fit un signe & ces derniers furent plongés dans des abymes profonds, pour y être purifiés par les remords. Je me vis parmi le petit nombre qui pouvoit lever vers les cieux des mains pures. Ma joie fut grande; car je souffrois autant d'être auprès de ces homicides, que si j'eusse été moi-même couvert de sang.

Parmi ces héros, j'aperçus cet homme vertueux qui, embrassant la cause du genre humain dans une affection tendre & sublime, forma ce beau projet de paix perpétuelle qui sera toujours la chimère des belles ames. Il étoit considéré comme l'écrivain le plus honorable de tous les siecles. Un sentiment profond de bienveillance enflamma son ame grande & sensible. Les peines de l'homme tourmentèrent son cœur généreux : il auroit voulu abolir dans l'univers l'esclavage, le despotisme, le vice & le malheur, & surtout arracher des mains des rois ce glaive terrible qui sert leur ambition effrénée. Ses ouvrages avoient paru des rêves pendant le sommeil de la vie; mais ici ils portoient une empreinte lumineuse qui leur méritoit les regards de la Justice.

Ce philosophe, assis entre Henri IV & ce duc de Bourgogne adoré, tenoit entre ses mains le plan universel de la félicité des nations. Il consultoit ces grands hommes, dont l'humanité sincère & profonde étoit sans faste, sans vanité, sans foiblesse; mais hélas! la Nature leur avoit refusé de plus longs jours. Mon ame ardente voloit comme pour s'unir à cette ame pure qui chérissoit l'ordre

& l'harmonie pour le seul bien qu'ils font au monde. O quelle joie ! quels momens heureux ! J'eus le bonheur de m'entretenir avec lui sur des matières également intéressantes & profondes. Il avoit encore cet enthousiasme que les ames qui ne sentent rien condamnent, & qui est cependant l'unique germe de toutes les grandes choses.

Tout-à-coup une décharge d'artillerie me réveilla en sursaut : elle célébroit la nouvelle d'une victoire. Le peuple, qui ne voit que le moment, étoit dans l'alégresse. Pour moi, fuyant le tumulte des réjouissances publiques, le bruit du salpêtre enflammé, l'ivresse d'une populace aveugle, je me dérobai à la foule, & dans un cabinet solitaire j'écrivis ce songe.

DE LA ROYAUTÉ.

DE LA ROYAUTÉ
ET DE LA TYRANNIE.
SONGE III.

JE rêvois que j'étois errant, fugitif, déguisé sous de vils habits, manquant d'asyle & presque de pain. Je traversois tantôt des villes superbes, tantôt des villages ruinés; je ne tendois point une main suppliante, je conservois ma fierté; le pain dont je me nourrissois étoit le fruit de mes travaux, & je le mangeois avec le secret contentement de sentir que je me suffisois à moi-même. Dans cet état d'humiliation, & non de bassesse, je méditois sur les devoirs des souverains, sur les moyens de rendre un peuple heureux. Au sein du malheur, mes pensées étoient plus élevées, plus droites & plus pures. Souffrant, j'apercevois mieux ce que l'homme doit à l'homme; je contemplois le riche, & je disois en moi-même : O malheureux ! l'or t'a fait une ame métallique ! De quelle foule de sentimens te prive ta triste opulence ! Chaque jour tu t'endurcis, & moi, les larmes que je répands sont chaque jour plus déli-

E

cieufes; dévore lâchement la fubfiftance commune, tandis que l'utile exercice de mes bras affermit la fanté de mon corps & celle de mon ame. Si jamais tu es doué du don de fentir, alors tu rougiras en ma préfence.

Las, fatigué, j'entrai fous le toit d'un laboureur, où quelques indigens, de mœurs fimples & pures, m'offrirent une natte pour y repofer. Je me formois fur ce miférable lit une douce image d'un véritable roi, rendant fes peuples heureux, maître de lui-même, & chéri de tous fes fujets; c'eft le malheureux qui fonge le plus fréquemment au père de la patrie. Cette aimable chimère me faifoit oublier mes maux.

Je partis, après avoir remercié mes hôtes, & le lendemain je me trouvai dans une efpèce de forêt fort rude à traverfer; je m'égarai. J'errois dans le plus chaud du jour, lorfque j'aperçus fur une éminence quelques chênes preffés qui formoient un petit bois touffu. J'y portai mes pas pour tâcher de découvrir de ce lieu quelque route. J'y vis une femme d'un âge avancé, mais d'une fanté ferme & vigoureufe : elle étoit affife fur une colonne rompue ; fon front couvert de cicatrices, n'en étoit pas moins fier, moins redoutable ; quelques cheveux blancs épars flottoient fur fes épaules, & fes rides imprimoient le refpect. Je marchai

Songe III.

vers elle, & j'allois lui adresser la parole, lorsqu'elle me dit : Je t'attendois, toi qui connois le courage, toi qui as combattu l'adversité ; ces mains endurcies au travail me plaisent ; ce n'est point à des mains efféminées que je dois remettre un pénible emploi ; la force de l'ame tient à un corps robuste. Tu vois auprès de moi l'héritier d'un vaste empire ; il doit être souverain d'un riche pays, commander à un peuple docile, vaillant & fidèle. Quels pièges pour son orgueil ! Mais il peut aujourd'hui connoître la vérité, & je lui dois un grand exemple. C'est toi que les dieux ont choisi pour le conduire au sommet de cette montagne escarpée que tu découvres d'ici. C'est-là qu'un tableau fidèle doit se présenter à ses regards. A ton approche, tous les obstacles tomberont ; il verra comme il doit régner ; & s'il méprisoit cette leçon vivante.... Mais il ne la méprisera point.

A ces mots, je pris le jeune prince par la main ; il me la tendit lui-même d'un air doux & affable. L'orgueil ne me fit point accepter ce noble emploi ; mais je me disois : Ah ! je puis enfin montrer la vérité à ce prince que j'aime : qui sait si mes paroles ne germeront point dans son cœur, s'il ne les opposera pas un jour au langage empoisonné des courtisans ? Qui sait si je ne pourrai pas sauver mes malheureux compatriotes des horreurs de la misère qui m'environne aujourd'hui? Un seul homme peut opérer le bonheur de vingt millions d'autres. O touchante perspective ! la physionomie du jeune prince étoit noble, intéressante ; son front portoit une certaine empreinte de mélancolie douce qui, à son âge, annonçoit une ame forte, peut-être déjà épouvantée de l'étendue de ses devoirs. Il jeta sur moi un regard de bonté, & me dit : Ami que les dieux daignent me donner, tu te rends l'interprète du peuple; je dois t'écouter favorablement ! Tu soupires? Tu me plains, sans doute, d'être un jour destiné à régner ! Je veux, de ce moment, rechercher le commerce des sages ; je veux puiser dans leurs leçons la force de commander aux autres & à moi-même : que leur expérience m'instruise. Apprends-moi de bonne heure à mépriser la mollesse, à sévir contre la flatterie, à la reconnoître, quelque déguisée qu'elle soit. Si je me trouve entraîné malgré moi vers cette pente facile & malheureuse, où tombent tant de souverains, que j'aie le bonheur de trouver un homme ferme & sensible, dont l'ame vraiment libre ose me tirer de mon assoupissement; qu'il produise à mon oreille l'accent vainqueur de la vérité; qu'il ne craigne point de me déplaire : je chérirai sa franchise....

Prince, lui répondis-je, lorfque vous ferez affis fur le trône; il ne fera plus tems d'entendre cette vérité que vous cherchez; elle fe voilera fous le vêtement de l'éloquence même: elle ne fera plus qu'un vain fon, qu'un inutile appareil.... Profitez des momens que les dieux vous accordent, & fongez qu'ils ne reviendront jamais. Qu'eft-ce que ma foible voix? Eh! lorfque vous percez les flots d'un peuple attentif à lire fur votre vifage quelques indices de fes futures deftinées, confidérez les regards avides qui fondent fur vous de toute part : ils vous parlent hautement, ils vous parlent éloquemment, ils vous crient : O toi, qui feras dépofitaire de notre bonheur, daigne étudier tes devoirs pour les remplir un jour! En ce moment, l'homme vertueux vous contemple, & voudroit faire paffer dans votre ame le feu généreux qui l'anime. L'homme inftruit voudroit vous donner toutes fes connoiffances, le philofophe fa modération & fes lumières, le fage fon héroïfme & la fimplicité de fes mœurs, & le malheureux dit tout bas : O ciel! donne-lui mon cœur, & l'heureufe facilité de répandre des larmes. Sentez de bonne heure le prix de ces regards; écoutez cette voix de la multitude; elle doit augmenter dans tout cœur bien né, l'amour de la gloire & la crainte de la honte.

Le jeune prince me ferra la main fans me répondre. Nous marchâmes quelque tems, & nous nous trouvâmes au haut d'une montagne élevée : d'un côté, elle étoit bordée de précipices affreux, & fous nos pieds un fleuve mugiffant fe perdoit avec un bruit horrible dans un abyme ouvert, & retentiffant au loin d'un fracas formidable.

Cette montagne portoit fon front dans la nue; de forte qu'en la confidérant d'en-bas, on n'y diftinguoit qu'un fommet : mais du même pied s'élevoit une double cime, dont l'une étoit féparée de l'autre par une fort grande diftance. D'un côté étoit le féjour de la Royauté, de l'autre celui de la Tyrannie. Chacune de ces cimes avoit un fentier par lequel on y montoit : l'un étoit sûr, fans péril ; les acclamations du peuple accompagnoient les pas de ceux que le ciel avoit choifis pour le franchir. L'autre étoit pénible, difficile, fanglant : l'audace, l'imprudence, fources des plus affreux revers, étoient les feuls guides des ambitieux qui, pour leur malheur, ofoient y mettre un pied téméraire.

Ces deux cimes paroiffoient réunies à l'œil qui les contemploit de loin : mais de près la différence fe faifoit fentir ; elles paroiffoient extrêmement éloignées. Celle de la Royauté s'élevoit dans un air pur, au-deſſus des nuées, des orages & des tempêtes. L'autre ſe trouvoit dans la région des tonnerres, plongée entièrement dans l'épaiſſeur des nuages ténébreux que perçoient les feux terribles de la foudre.

Je dis au jeune prince que je conduiſois par la main : Le ciel permet que vous aperceviez des différences cachées aux monarques imprudens ; approchez, voyez cette femme d'une taille majeſtueuſe & d'une figure charmante, aſſiſe ſur ce trône éclatant, vétue d'une robe blanche ; ſon ſceptre eſt un caducée de paix. De même que le ſoleil vivifie la terre, ainſi ſes regards protègent les empires, y portent la félicité & l'abondance ; elle eſt adorée des gens de bien, elle leur inſpire la confiance, & les méchans ſont les ſeuls qui la haïſſent.

A ſa vue, le reſpect fit rougir le jeune prince. Il lui rendit ſes hommages, tels qu'un fils bien né les doit à une mère vénérable ; elle étoit pleine de graces & de majeſté, ſon viſage ne changeoit jamais. La colère ou la vengeance n'en défiguroient point les traits ſacrés ; ſon règne étoit celui du ſiècle d'or, la clémence étoit ſa vertu diſtinctive ; elle étoit ſatisfaite d'occuper un trône, parce que c'étoit la plus belle place dans l'univers pour faire le plus de bien poſſible. Elle aimoit les ames libres, auſſi avoit-elle des héros pour ſujets. L'honneur, le mérite, la vertu, tels étoient ſes courtiſans. Près d'elle on voyoit la gloire & le repos ; le fort lion repoſoit à ſes pieds ; des monceaux d'or & d'argent environnoient ſon trône ; la déeſſe en formoit un fleuve d'un cours libre, qui, également diſtribué, arroſoit les parties les plus éloignées de ſon royaume : mais elle étoit moins touchée de ces métaux, que des beaux fruits de la terre, qu'elle cueilloit avec une joie ouverte ; elle les conſidéroit comme les ſeules & véritables richeſſes ; & tandis que les monumens pompeux des arts s'offroient en foule à ſes regards, elle les arrêtoit avec bien plus de complaiſance ſur un citoyen qui, appuyé ſur le ſoc de la charrue, traçoit dans les champs un ſillon fertile. Ses ſujets formoient un rempart impénétrable autour de ſa perſonne, & les armées ennemies fuyoient devant eux, comme les corbeaux fuient devant le roi des airs.

Le jeune prince me demanda enſuite quelles étoient les femmes dont la Royauté étoit entourée. Qu'elles ſont belles ! s'écria-t-il ; qu'elles ont de douceur & de nobleſſe ! Celle qui eſt aſſiſe à droite, lui dis-je, dont le regard annonce tant de candeur & de fermeté, c'eſt la Juſtice. Voyez avec quel zèle & quelle promptitude elle ſecourt cet homme foible contre les attentats de cet homme robuste ; voyez comme elle punit ce dernier sans courroux & sans haine. Considérez à ses côtés cette femme si noblement vêtue, à l'air ouvert, au sourire gracieux ; c'est la Paix, l'aimable Paix : assise sur un faisceau de lances brisées, elle présente un miroir à la Fureur sanglante, qui frémit en contemplant ses propres traits. Plus loin, cet homme dont les bras sont si nerveux, dont le corps paroît plein de force & de courage, qui porte des cheveux blancs, s'appelle *Nomos*; tout ploie sous son sceptre, grand & petit, riche & pauvre. Inflexible en son équité, il traîne au supplice ce satrape exacteur ; il fait tomber cette tête odieuse qui n'avoit roulé que des projets sanguinaires ; il veille sans cesse, & son œil ne peut se fermer, qu'aussitôt la confusion & le trouble ne prennent la place de l'ordre & de l'harmonie. C'est le seul ministre de la Royauté, elle ne peut en avoir de plus fidèle; c'est le seul conseil qu'elle écoute, elle ne peut en écouter de plus sage : la déesse éclairée s'appuie sur son bras, & n'ose rien entreprendre ni rien résoudre sans lui. Ses oreilles s'ouvrent à la plainte ; elle considère moins l'éclat du rang, que l'importance du dépôt, & sa couronne n'a de majesté qu'autant qu'elle sert au bien de l'état.

Le jeune prince contemploit toutes ces choses avec la plus grande attention. Je le laissai se remplir de ce spectacle, content de voir qu'il imprimoit avec plaisir dans sa mémoire ce qui pourroit servir un jour à la félicité d'un peuple entier. Au fort de ses réflexions, je le saisis précipitamment par le bras. Descendons, lui dis-je; venez voir cette autre déesse, pour laquelle tant d'hommes sont si follement passionnés, qu'ils commettent mille forfaits sans remords, qu'ils s'égorgent misérablement les uns les autres, qu'ils se dressent toutes sortes de pièges, les fils contre leurs pères, les pères contre leurs enfans, les frères contre leurs frères. Insensé! ils desirent comme un bonheur le plus grand des maux, ce pouvoir arbitraire, source de tous les égaremens & de tous les malheurs.

D'abord le chemin nous parut bien ouvert; mais à mesure qu'on avançoit, les abymes s'ouvroient à nos côtés; nous nous engageâmes dans des routes tortueuses, qui toutes aboutissoient à d'affreux précipices; les ronces & les épines retardoient notre marche. Bientôt les sentiers se montrerent arrosés de sang & couverts d'hommes égorgés; le jeune prince voulut reculer. Jamais, dit-il, je ne passerai par ce chemin horrible; mon cœur se soulève..... Les dieux le veulent, lui répondis-je, vous n'y passerez que pour le contempler; & l'émotion terrible & salutaire qu'il vous causera, vous sera à jamais utile.

Nous parvînmes au sommet : nous trouvâmes la Tyrannie assise sur un trône qu'elle avoit affecté ridiculement d'exhausser. Elle composoit son visage & son geste; & faisoit tous ses efforts pour ressembler à la Royauté. Elle s'imaginoit que son diadême étoit plus riche & plus respectable, parce qu'il étoit surchargé d'or, de diamans, & peint de mille couleurs : elle croyoit son trône superbement affermi sur des colonnes de marbre & d'ivoire; mais sa base peu solide étoit mobile & chancelante; elle s'enorgueillissoit puérilement de sa pourpre, de son sceptre, de sa couronne; elle ne voyoit que cet appareil extérieur qui enfloit son cœur, comme un enfant qui, étant paré, s'estime plus grand.

Tout ressentoit autour d'elle l'orgueil, l'ostentation, la mollesse, la prodigalité, le luxe insolent. Elle tenoit un faisceau de sceptres; mais avec un effort qui lui donnoit un air de gêne & de contrainte ridicule. Elle voulut nous sourire gracieusement; mais son sourire forcé nous découvrit son ame fausse, petite & cruelle; son geste n'avoit rien de noble; tout en elle, malgré ses fastueux habillemens, annonçoit quelque chose de bas; la terreur se peignoit dans son regard effaré. Elle ne faisoit rien avec assurance, rien avec dignité ; elle affectoit de traiter avec hauteur & mépris ceux qui l'approchoient, croyant que tel étoit le caractère de la grandeur; mais elle se rendoit encore plus odieuse que redoutable.

Nous la considérâmes long-tems ; elle ne restoit pas un instant tranquillement assise. Tantôt elle se levoit, le front pâle, & croyant déjà sentir le fer vengeur pénétrer dans son cœur; tantôt ses yeux étinceloient d'une rage secrète, & elle frémissoit elle-même des crimes qu'elle alloit ordonner. Elle accumuloit bassement l'or dans son sein, puis le répandoit avec profusion sur les plus viles créatures, complices & ministres de ses attentats. Le lendemain, elle se précipitoit en brigand, sur une troupe indigente ; elle extorquoit la plus vile monnoie, l'enlevant sans remords, quelque mince que fût la somme.

Sa cour étoit celle des furies. Nous vîmes la Cruauté, la Violence, l'Injustice & le Fanatisme secouant sa torche ardente. Ce dernier la favorisoit pour augmenter sa propre autorité ; & cette autorité une fois établie, il menaçoit la Tyrannie elle-même, & lui disputoit le sang des peuples Toute cette troupe conjurée contr'elle, en se déchirant de leurs mains impies, cherchoit à lui

Songe III.

faire sentir tous les maux dont elle devoit être la victime. La crainte, l'inquiétude, la défiance, la fureur écartoient de ses yeux les pavots du sommeil ; elle sacrifioit ses esclaves à sa famille, les finances à ses fantaisies, l'état & sa cour à sa personne. Une tête de Meduse couvroit sa poitrine; la moindre association la faisoit trembler, & dès que deux citoyens se parloient à l'oreille, elle les séparoit. La Flatterie, toujours debout, lui parloit à l'oreille, & lui insinuoit son poison actif. Plus il étoit grossier, plus il paroissoit fait pour plaire à cette vile déesse. J'aperçus Machiavel caché derrière son trône, & qui lui parloit tout bas.

Elle frappoit des coups redoublés sur une multitude enchaînée & gémissante. Ces malheureux se débattoient toujours, sur le point de trancher leurs liens avec le fer.

Prince, m'écriai-je, voyez laquelle des deux déesses vous semble préférable. Ah ! la première, me répondit-il, me charme & m'enchante ; elle attire avec complaisance le regard des dieux ; elle mérite les hommages des mortels ; mais celle-ci me fait horreur, & sa scélératesse m'inspire une indignation si forte, que si votre bras veut seconder mes foibles mains, nous allons la précipiter du haut de ce rocher... O noble transport ! vertueux héroïsme ! Prince, attendez encore, attendez, &

la justice des dieux ne tardera pas à se manifester. Hélas! quelquefois la vertu nous égare. Nous voulons hâter ce que le ciel conduit avec une sage lenteur; il fait descendre la Tyrannie sur la terre pour en châtier les crimes. Mais il n'est plus d'Hercule, à qui l'empire de l'univers soit confié. Ce demi-dieu, protecteur du genre humain, parcouroit le globe, non pour y exterminer des animaux cruels (car la férocité des lions, des tigres, des panthères, des hiennes n'est rien auprès de l'exécrable abus du pouvoir), mais il voyageoit pour terrasser les tyrans assis sur les trônes, pour frapper ces monstres couronnés qui corrompent les doux bienfaits de la nature, qui font gémir des milliers d'hommes sous la voûte éclatante du firmament, au milieu des trésors de la terre, & parmi les miracles de la création. Par-tout où il trouva la Royauté il l'honora, il la combla de louanges, il apprit aux hommes à la chérir comme la protectrice aimable & souveraine des états, comme la rémunératrice de la vertu, comme l'effroi du crime. C'est par-là qu'Alcide mérita les respects du monde entier ; c'est par-là qu'il est digne de servir de modèle à celui que le ciel favorisera du bonheur de pouvoir l'imiter.

 En descendant, je fis remarquer au jeune héros que la côte de la montagne où étoit assise la pâle

Songe III.

Tyrannie, étoit escarpée tout autour, & creusée en-dessous jusques sous le trône. Tout-à-coup nous entendîmes des grands cris, & nous vîmes cette partie peu à peu s'ébranler, se détacher & fondre avec un bruit horrible dans les abymes qui l'environnoient, comme un rocher énorme, élevé sur l'Océan, tombe & perce en un clin-d'œil la vaste profondeur des mers. La Tyrannie & ses filles abominables furent écrasées dans cette chûte soudaine & rapide. Mille acclamations d'alégresse & de joie, élancées vers les cieux, annoncèrent la délivrance de la terre.

Cette route nous avoit beaucoup fatigués. Le jeune prince me dit : mon estomac est à jeun ; je voudrois pouvoir appaiser ma faim ; je ne vois que des rochers. Je lui montrai quelques cabanes lointaines. Marchons, lui dis-je, de ce côté ; nous pourrons y trouver ce que nous desirons. La déesse m'avoit fait ma leçon, & j'avois mes vues. Je fis entrer le prince dans la première cabane qui se présenta. Il aperçut trois enfans en bas âge & demi-nus, qui suçoient à l'envi l'un de l'autre une pomme sauvage. Avez-vous du pain à nous donner ? leur demandai-je. Pour toute réponse, ces enfans répandirent des larmes. Eh quoi ! poursuivit le prince étonné, interdit, effrayé, point de pain ici ! D'où vient cette affreuse misère?

Alors une voix languiſſante ſortit du fond ténébreux de cette chaumière, & dit: nous ſavons bien labourer la terre, en faire ſortir les moiſſons; nous ſavons ſupporter les travaux les plus rudes & qui renaiſſent avec chaque ſoleil; nous entaſſons le bled dans les greniers publics: mais nous ne mangeons point de pain; ou ſi nous en mangeons, il eſt noir, mal pêtri & formé de cette partie groſſière qu'on deſtine aux plus vils animaux.

Eh quoi! dit le jeune prince, ces campagnes ſont abondamment fertiles, le courroux du ciel n'eſt point deſcendu ſur la terre, aucun orage deſtructeur n'a renverſé les épis nourriciers; je vois des pyramides de bled répandues dans ces vaſtes plaines..... Des hommes, reprit la voix gémiſſante, plus cruels que l'intempérie des ſaiſons, nous voient le front pâle, les membres exténués, ſans ſonger à nos beſoins, & ils nous parlent encore de leurs beſoins imaginaires, enfans de leur dure & miſérable vanité. Plus nous ſommes malheureux, plus nous ſommes loin d'eux; ils ne redoutent ni les accès de notre déſeſpoir, ni l'inſtant du trépas qui finira nos peines & nos ſervices, bien ſûrs de retrouver dans la foule nombreuſe des indigens, beaucoup plus d'eſclaves qu'ils n'en ſauroient perdre. C'eſt à force de nous ſurcharger de travaux, & de diminuer notre

nourriture

nourriture, que ces grands composent leur opulence, dont ils jouissent sans remord, & qu'ils consument dans une amère dérision sur notre état.

O ciel! s'écria le jeune prince en pleurant; & il se jeta dans mes bras. Où m'as-tu conduit? Sans doute c'est parmi les malfaiteurs qui expient les crimes contre la société. Non, ce ne peut être ici que le séjour des criminels..... Ils ne sont point coupables, repris-je; mais l'indigence est regardée du même œil que le crime. Voyez cette chaumière ouverte à tous les vents, ces vils meubles échappés à des mains barbares, ce triste foyer où fument quelques feuilles desséchées; approchez, & touchez de vos mains cette paille humide & à demi-pourrie...... Vous frissonnez. Là repose une mère qui a nourri de son lait ces mêmes enfans qui un jour verseront tout leur sang pour vous..... Arrête; je t'entends, s'écria le jeune prince, en se cachant le visage des deux mains. O ciel! accorde-moi les moyens de réparer d'aussi funestes désastres.

Le ciel, repris-je, favorise les desseins généreux, il leur prête une force victorieuse; & le monarque qui possède les qualités d'un souverain, est presqu'assuré de voir ses projets heureusement couronnés. Un jour, vous serez assis sur le trône;

F

on vous fatiguera les oreilles de mille maximes politiques ; souvenez-vous alors que vous avez eu faim, & que vous avez trouvé des malheureux hors d'état de vous présenter de quoi l'appaiser. Établissez l'impôt sur le luxe, & non sur les besoins de la vie ; qu'il frappe directement la tête dure du riche, & non la tête sensible du pauvre ; que votre objet soit de faire jouir chaque particulier de la richesse de l'état, & que cette richesse ne soit point assise sur la misère commune. Les moyens s'offrent en foule ; la gloire, la grandeur, la puissance d'un royaume, vains mots qui disparoissent auprès des noms sacrés de liberté, d'aisance, de bonheur des sujets. La duplicité cherchera des raisons spécieuses pour plâtrer la vérité ; elle est ici ; elle vous parle entre cette femme mourante & ces innocens qui languissent. Que cette image, aussi forte qu'elle est vraie, ne sorte jamais de votre mémoire ; opposez-la sans cesse à ces détours subtiles & recherchés, qui ne sont que l'invention du fourbe & celle du méchant. Dites, en voyant une table fastueuse : il est des hommes qui souffrent la faim ; dites avant de reposer votre tête sur le duvet : il est des hommes qui n'ont que la terre pour lit, & ces hommes m'ont rendu dépositaire de leur bonheur. Alors le trait actif & pur de ce sentiment généreux qui naît dans les grands cœurs, embrasera votre ame toute entière; alors la félicité des peuples coulera de votre bouche avec vos paroles vivifiantes, & vous sentirez la joie de relever une famille obscure qui vit à deux cents lieues de vous, qui ne vous a jamais vu, & qui vous bénira comme elle bénit l'Être suprême, sur les seuls témoignages de sa bienfaisance. Songez que vous serez un grand roi, & que vous en aurez accompli tous les devoirs, lorsque votre œil aura percé sous le chaume obscur où vit l'homme laborieux, & que vous aurez répandu autour de lui la subsistance qui lui est bien due, après avoir assuré celle de vos sujets. Cent batailles gagnées, tous les monumens pompeux des arts, toutes les productions du génie ne vaudront pas, aux yeux de Dieu & des hommes, cette gloire facile, simple & pure. Voilà la gloire véritable, & toute autre est fausse, illusoire & passagère. Que vous dirai-je de plus? l'état est une chaîne immense dont vous formez le premier anneau; si vous ne voulez pas qu'elle soit rompue, que votre anneau soit uni fortement au dernier; alors nulle puissance ne pourra briser cette étroite alliance; elle triomphera du tems, parce que les générations qui succéderont à la génération présente, hériteront de son amour, de son respect & de son dévouement, seuls gages de votre félicité : une égale & mutuelle confiance du souverain & du peuple, telle est la base éternelle des empires.

J'achevois ces mots, lorsqu'une ombre perça la terre & parut devant nous. Cette ombre étoit voilée; mais elle portoit un diadème. Elle dit à ce jeune héros, d'un ton majestueux & qui n'avoit rien d'effrayant : O vous! qui devez occuper le trône que j'ai occupé, écoutez les avis d'un monarque & d'un père. J'avois de la fermeté dans le caractère, de la hauteur dans l'esprit, de la grandeur dans les projets : j'étois naturellement fier, passionné pour la gloire; mais je n'en avois pas des idées parfaitement justes; j'ai pris pour la gloire ce qui n'en étoit que le fantôme; j'ai travaillé pour la splendeur de la nation : je l'ai reconnu trop tard, j'ai moins fait pour son bonheur. Que n'ai-je préféré l'utilité ! Cette ambition qui séduit tous les rois m'a aveuglé. Il me manquoit ces principes de gouvernement que l'orgueil n'a jamais trouvés, & qui ne se découvrent qu'à ceux qui ne sont point nés pour le trône. Que ne suis-je né du moins dans le siècle éclairé où vous devez régner! Je n'aurois eu qu'à appliquer au système du gouvernement ces principes féconds, tous détaillés, tous présentés avec cet éclat que ne soupçonnoit pas même le siècle où je vivois : j'aurois moins

SONGE III.

erré sur le choix des moyens, j'aurois donné moins d'attention à ce qui ne méritoit que le mépris; j'aurois senti ma force véritable. Je l'ai ignorée, & cependant j'ai été long-tems vainqueur & redoutable. Les revers m'ont appris ce que les hommes m'avoient caché; j'ai découvert dans l'adversité ce que soixante années n'avoient pu m'apprendre. J'ai vu qu'il falloit au trône une base raisonnée; il étoit trop tard; la mort vint déchirer mon diadême. Si les dieux renouoient le fil de mes jours, au lieu de porter le nom de grand, j'ambitionnerois celui de sage; je connoîtrois qu'il est un art de régner, que cette étude profonde ne se puise point dans les cours, mais dans les pensées des hommes qui aiment le genre humain & qui ont plaidé sa cause à la face de l'univers. Vous devez être un jour à la tête du plus heureux gouvernement; vous aurez à conduire un peuple actif & docile, quelquefois fier, jamais intraitable, brave, fidèle, toujours bon, adorant ses rois, même avant de les connoître; c'est à vos regards à féconder ses talens & ses vertus. Un coup-d'œil de maître suffira pour les enflammer d'un feu nouveau; vous n'aurez qu'à vouloir, & vous remuerez tous les cœurs.....

Le jeune prince s'inclina pour embrasser cette ombre sacrée; mais aussitôt elle rentra dans le sein de la terre. Tout ému, il se rejeta dans mes bras, comme pour recevoir quelque consolation de l'immense fardeau déposé entre ses mains. Je lui dis : Prince, l'histoire fidèle de ce grand roi, bien méditée, est un phare lumineux pour tous ses successeurs ; ses fautes sont éloquentes. Que puis-je y ajouter ? Vous êtes dans un champ où la raison a fait croître de grandes vérités ; les grandes vérités une fois connues excitent dans les cœurs bien nés une certaine chaleur mêlée d'admiration & d'amour. En les adoptant, vous aurez préparé à la législation la route la plus sûre & la plus facile. Qui est-ce qui parle avec force au peuple ? Qui est-ce qui le fait obéir ? Qui lui rend la soumission chère & lui en fait un devoir sacré ? Qui l'oblige à faire sans effort les sacrifices les plus rares ? C'est la raison publique, c'est elle qui parle & qui persuade. Voilà le maître absolu qui doit monter sur la tribune ; chaque citoyen saisira pour lors avec avidité ce qui sera relatif aux intérêts de la patrie, & les esprits seront éclairés, les cœurs puissamment remués, & les volontés entraînées par une puissance d'autant plus forte qu'elle n'aura rien d'arbitraire.

Consultez cette volonté générale ; faites sentir moins votre pouvoir que celui de la loi. Les lumières sont généralement répandues, & vous devez vous en féliciter. Rien de si facile à bien gouverner qu'un peuple qui pense ; il a des principes, il connoît ses devoirs, il est une barrière qu'il ne rompt jamais. Vous êtes maître d'exalter en lui le sentiment vif de l'honneur, & de le porter aux plus grandes choses; pour cet effet, que vos regards distinguent les talens avant les richesses, les vertus avant la naissance, le commerce & l'industrie avant les arts frivoles. Respectez dans chaque citoyen le courage, l'intégrité, & cet enthousiasme que lui inspire l'amour du bien public; qu'aucun état ne soit avili, afin que chaque homme soit content. Vous n'aurez guère de tristes préjugés à combattre; vous êtes dans un tems où vous pourrez beaucoup oser sans porter de préjudice à la vaste machine de l'état. Le siècle a cette maturité où, pour cueillir, on n'a besoin que de porter la main au fruit. Votre raison, se joignant à la raison publique, aura sur tout une force extraordinaire. Des tyrans ont adopté cette maxime, « divise pour régner » ; adoptez celle-ci, plus juste & plus vraie, « anoblissez vos sujets, » pour qu'ils vous aiment davantage, & que vous » soyez plus fort par eux ».

Le génie de chaque siècle, dans tous les tems, a maîtrisé jusqu'aux souverains. Prince, connoissez le vôtre : il est aujourd'hui deux maîtres de l'univers, le Pouvoir & le Génie; vous tenez le premier; l'autre se présente à vous pour vous servir: daignez le faire asseoir à vos côtés; ayez alors ce despotisme vertueux qui agit avec fierté & sans reculer d'un pas, lorsqu'il est question des intérêts de l'humanité, qu'il faut souvent servir malgré elle. Je ne vous parle point de récompense; il n'en est point d'assez digne sur la terre pour l'homme qui fait le bonheur des hommes..... Je m'éveillai en prononçant ces paroles, & dans l'espérance de voir mon songe se réaliser un jour (1).

―――――――

(1) J'ai publié ce songe en 1768.

D'UN MONDE HEUREUX.

SONGE IV.

Je crus, en rêvant, me trouver dans un temple solitaire, je vis venir à moi une espèce de fantôme; mais en s'approchant, sa taille se dessina & devint plus qu'humaine : sa robe tomba majestueusement sur ses pieds; six ailes, plus blanches que la neige, & dont les extrémités étoient dorées, couvrirent une partie de son corps : alors je le vis quitter la substance matérielle qu'il avoit prise pour ne pas m'effrayer : son corps se colora comme l'arc-en-ciel. Il me saisit par les cheveux, & je sentis sans effroi que je traversois les plaines éthérées, avec la rapidité d'une flèche qui part d'un arc tendu par un bras souple & nerveux.

Mille mondes enflammés rouloient sous mes pieds; mais je ne pouvois jeter qu'un regard rapide sur tous ces globes distingués par des couleurs frappantes qui les diversifioient à l'infini.

Tout-à-coup j'aperçus une terre si belle, si florissante, si féconde, que je sentis un vif désir d'y descendre. A l'instant mes souhaits furent exaucés : je me sentis porté doucement sur sa surface, je fus plongé dans une atmosphère embaumée, & à la naissance de l'aurore je me trouvai assis sur un siège de gazon : j'étendis mes bras en signe de reconnoissance vers l'envoyé céleste ; il m' montra du doigt un soleil resplendissant, & s'élançant vers lui, il entra & se perdit dans son disque enflammé.

Je me levai, & je me crus transporté dans le jardin d'Eden. Tout inspiroit à l'ame une douce tranquillité. La paix la plus profonde couvroit ce globe ; la nature y étoit ravissante & incorruptible : une fraîcheur délicieuse tenoit mes sens ouverts à la joie ; une odeur suave couloit dans mon sang avec l'air que je respirois ; mon cœur, qui tressailloit avec une force inaccoutumée, entroit dans une mer de délices ; & le plaisir, comme une lumière immortelle & pure, éclairoit mon ame dans toute sa profondeur.

Les habitans de ce séjour heureux s'avancèrent au-devant de moi : après m'avoir salué, ils me prirent par la main. Leur physionomie noble inspiroit le respect & la confiance : l'innocence & le bonheur se peignoient dans leurs regards ; ils levoient souvent les yeux vers le ciel ; ils prononçoient un nom que je sus depuis être celui de l'Eternel, & des larmes d'attendrissement inondoient leurs paupières.

Songe IV.

Je me sentis tout ému en conversant avec ces hommes sublimes ; leur cœur s'épanchoit avec la tendresse la plus sincère ; & en même tems la voix de la raison, voix majestueuse & non moins attendrissante, se faisoit entendre à mon oreille charmée.

Je reconnus bientôt qu'une telle demeure ne ressembloit pas à celle que je quittois. Une force divine me fit voler dans leurs bras : je voulus fléchir le genou devant eux; mais relevé d'une main caressante, & pressé sur le sein qui renfermoit des cœurs aussi nobles, je connus un avant-goût de l'amitié céleste, de cette amitié qui unissoit leurs ames & qui composoit la plus belle portion de leur félicité.

Jamais l'ange des ténèbres, avec toute ses ruses, n'a découvert l'entrée de ce monde : malgré sa malice vigilante & profonde, il n'a point su verser ses poisons sur ce globe fortuné ; la colère, l'envie & l'orgueil y sont inconnus; le bonheur de l'un fait le bonheur de tous ; un transport extatique élève sans cesse leurs ames à la vue de cette main prodigue & magnifique qui rassembla sur leur tête les plus merveilleux prodiges de la création.

L'aimable matinée, de ses aîles humides & dorées, distilloit les perles de la rosée de dessus les arbustes & les fleurs, & les rayons d'un soleil naiſſant multiplioient les couleurs les plus vives, lorſque je découvris un bois que rempliſſoit une douce clarté.

Là, des jeunes gens de l'un & de l'autre ſexe envoyoient au ciel des cantiques d'adoration; ils ſe rempliſſoient en même-tems de la grandeur & de la majeſté du Dieu qui rouloit preſque viſiblement ſur leur tête; car dans ce monde innocent, il daignoit ſe manifeſter par des traits inconnus à nos foibles yeux.

Tout annonçoit ſon auguſte préſence : la ſérénité de l'air, le coloris des fleurs, l'inſecte brillant, je ne ſais quelle ſenſibilité univerſelle, répandue dans tous les êtres, & qui vivifioient les corps qui en paroiſſoient le moins ſuſceptibles, tout donnoit des marques de ſentiment; & l'oiſeau arrêtant ſon vol au-deſſus de leur tête, ſembloit devenir attentif aux modulations touchantes de leur voix.

Mais quel pinceau exprimera le front raviſſant des jeunes beautés dont le ſein reſpiroit l'amour? Qui peindra cet amour dont nous n'avons point l'idée, cet amour qui n'a point de nom ici-bas, cet amour, partage des pures intelligences, amour divin, qu'elles ſeules peuvent concevoir & ſentir? La langue de l'homme ſe trouve impuiſſante & muette, & le ſeul ſouvenir de ces beaux lieux ſuſpend en ce moment toutes les facultés de mon ame.

Songe IV.

Le soleil se levoit; le pinceau me tombe des mains. O Thomson, tu n'as point vu ce soleil! Quel monde & quelle magnifique ordonnance! Je foulois, comme à regret, les plantes fleuries, douées, comme notre sensitive, d'un sentiment vif & prompt : elles s'affaissoient sous mes pas pour se relever plus brillantes, le fruit se détachoit mollement de la branche complaisante; à peine il humectoit le palais, qu'on en sentoit le suc délicieux couler dans ses veines : alors l'œil plus perçant étinceloit d'un feu plus vif, l'oreille étoit plus gaie; le cœur qui s'épanouissoit sur toute la nature, sembloit posséder & jouir de sa féconde étendue; le plaisir universel ne causoit le tourment de personne; l'union multiplioit les délices, & l'on s'estimoit moins heureux par son propre bonheur que par celui des autres.

Ce soleil ne ressembloit point à la lueur pâle & foible qui éclaire notre prison ténébreuse; on pouvoit le fixer sans baisser la paupière; l'œil se plongeoit avec une sorte de volupté dans sa lumière douce & pure; elle récréoit à la fois la vue & l'entendement; elle passoit jusqu'à l'ame. Les corps de ces hommes fortunés en devenoient comme transparens : chacun lisoit alors dans le cœur de son frère les sentimens de douceur & de tendresse dont lui-même étoit affecté.

De toutes les feuilles des arbriſſeaux que cet aſtre éclairoit, s'élançoient au loin des germes de matière lumineuſe, où ſe peignoient toutes les couleurs de l'iris : ſon front qui ne s'éclipſoit jamais étoit couronné de rayons étincelans que le priſme audacieux de notre Newton n'auroit point ſu décompoſer. Lorſque cet aſtre ſe couchoit, ſix lunes brillantes flottoient dans l'atmoſphère : leur marche, diverſement combinée, formoit chaque nuit un ſpectacle nouveau. Cette multitude d'étoiles qui nous paroiſſent jetées au haſard, ſe découvroient là ſous leur vrai point de vue, & l'ordre éclatant de l'univers apparoiſſoit dans toute ſa pompe.

Quand ſur cette terre heureuſe l'homme s'abandonnoit au ſommeil, ſon corps qui ne participoit en rien aux élémens terreſtres, n'oppoſoit aucune barrière à l'ame; elle contemploit, dans un ſonge qui tenoit de la vérité, la région lumineuſe, trône de l'Eternel, où elle devoit bientôt s'élever. L'homme ſortoit d'un ſommeil léger, ſans trouble & ſans inquiétude; jouiſſant de l'avenir par le ſentiment intime de l'immortalité, il s'enivroit de l'image d'une félicité prochaine, plus grande encore.

La douleur, ce réſultat funeſte de la ſenſibilité imparfaite de nos corps groſſiers, ne ſe faiſoit point connoître à ces hommes innocens : averti

Songe IV.

par une sensation légère des objets qui pouvoient les blesser, la nature les éloignoit du péril, ainsi qu'une mère tendre écarte son enfant du fossé, en le tirant doucement par la main.

Je respirois plus librement dans ce séjour de concorde & d'alégresse; mon existence me devenoit chère : mais plus le charme qui m'environnoit étoit vif, plus mes idées se reportoient tristement sur le globe que j'avois quitté. Toutes les calamités de la race humaine se réunirent comme en un seul point pour affliger mon cœur, & je m'écriai douloureusement : hélas, autrefois le monde que j'habite ressembloit au vôtre, mais bientôt l'innocence, la paix, les plaisirs purs s'évanouirent. Que ne suis-je né parmi vous! Quel contraste! La terre qui fut ma triste demeure, retentit sans cesse de cris & de gémissemens : là-bas le petit nombre opprime le plus grand; le démon de la propriété infecte & ce qu'il touche & ce qu'il convoite. L'or y est un dieu, & l'on fait sur ses autels le sacrifice de l'amour, de l'humanité, des vertus les plus précieuses.

Frémissez, vous qui m'écoutez! Le plus grand ennemi de l'homme, c'est l'homme même; ses chefs sont ses tyrans; ils veulent tout ployer sous le joug de leur orgueil ou de leur caprice : les chaînes de l'oppression s'étendent, pour ainsi dire, d'un pole à l'autre; un monstre, prenant le masque de la gloire, a légitimé ce qu'il y a de plus effroyable, la violence & le meurtre; depuis la fatale invention d'une poudre enflammée, aucun mortel n'y peut dire : demain je reposerai en paix, demain le bras du despotisme n'écrasera pas ma tête, demain l'affreuse douleur ne broyera pas mes os, demain les cris d'un désespoir inutile ne sortiront point de mon cœur oppressé, lorsque la tyrannie m'aura plongé vivant dans un cercueil de pierre.

O mes frères, pleurez, pleurez sur nous! Non-seulement les chaînes & les bourreaux nous environnent; mais nous dépendons encore des saisons, des élémens, des plus vils insectes : la nature entière nous est rébelle; & si nous la domptons, elle nous fait payer cher les biens que le travail lui arrache. Le pain que nous mangeons est arrosé de notre sueur & de nos larmes; des hommes avides viennent ensuite, & nous en raviffent une partie pour le prodiguer à leurs complaisans oisifs.

Pleurez, pleurez avec moi, mes frères! La haine nous poursuit, la vengeance aiguise dans l'ombre son poignard; la calomnie nous flétrit & nous ôte jusqu'au pouvoir de nous défendre; l'ami trahit notre confiance & nous fait maudir ce sentiment consolateur, & il faut vivre au milieu de

tous

tous les coups de la méchanceté, de l'erreur, de l'orgueil & de la folie.

Dans le tems que mon cœur donnoit un libre cours à ses plaintes, je vis descendre du ciel des séraphins resplendissans, & des cris d'alégresse s'élevèrent dans toute la race de ces hommes fortunés. Comme je restois dans l'étonnement, un vieillard me dit : adieu, mon ami; l'instant de notre mort approche, ou plutôt l'instant d'une nouvelle vie. Ces ministres du Dieu clément viennent pour nous enlever de dessus cette terre; nous allons habiter un monde plus parfait encore... Quoi, mon frère, lui répondis-je, vous ne connoissez point les agonies du trépas, cette angoisse, ce trouble, cette inquiétude qui accompagnent nos derniers momens?....... Non, mon fils, reprit-il; ces anges du seigneur, à une époque marquée, viennent nous enlever tous & nous ouvrir le chemin d'un monde inconnu, mais que nous apercevons par la conviction intime de la bonté & de la magnificence du Créateur, qui n'ont point de bornes.

Tout-à-coup un sourire lumineux brilla sur leurs lèvres; leur tête sembloit déjà couronnée d'une splendeur immortelle; ils s'élevèrent légèrement de terre à mes regards; je pressois pour la dernière fois leur main sacrée, tandis qu'en sou-

G

riant ils abandonnoient l'autre au séraphin, qui étendoit déjà ses aîles pour les porter au ciel.

Ils s'envolèrent tous à-la-fois, comme une troupe de cygnes éclatans qui prennent leur essor & s'élèvent d'un vol majestueux & rapide au-dessus du faîte de nos palais. Mes regards tristement prolongés les suivirent dans les airs; leurs têtes vénérables se perdirent bientôt dans les nuages argentés; & moi, je restai seul sur cette terre magnifique & déserte.

Je sentis que je n'étois pas encore fait pour l'habiter; je souhaitai de revenir sur cette terre infortunée & expiatoire; & c'est ainsi que l'animal, échappé à son conducteur & sorti de sa loge, revient sur ses pas, suit les traces de sa chaîne, baisse un front docile & rentre dans sa prison. Le réveil dissipa une illusion qu'il n'est pas permis à la foiblesse d'une langue indigente de peindre dans tout son éclat : mais cette illusion me sera toujours chère; & appuyé sur la base de l'espérance, je la conserverai jusqu'à la mort dans le fond de mon cœur.

L'ÉGOÏSME,

SONGE V.

JE crus, en dormant, qu'un spectre vêtu de blanc me prenoit par la main. Sa main étoit froide, si froide, que je fis des efforts pour me dégager; mais le spectre plus fort m'entraîna, me fit passer sous une voûte souterreine, longue, très-longue, au bout de laquelle se trouvoit une entrée étroite & fort basse : il me fallut baisser la tête sous cette porte; après avoir rampé sur les mains, j'entrai dans un endroit très-vaste, mais ténébreux & lugubre.

Cet immense & triste édifice n'avoit pour toute lumière que trois lampes suspendues fort haut, & qui brûloient dans les voûtes. Aussi les ténèbres l'emportoient sur la clarté. En baissant les yeux, je vis des sépulcres, des urnes cinéraires, des cercueils, des mausolées rangés contre les murailles, & qui en ceignoient le vaste contour.

Tout-à-coup une espèce de siège s'éleva au milieu de cette salle vide & spacieuse : je vis un fantôme habillé de drap vert, & j'entendis une foule de peuple qui s'attroupoit vers une porte entr'ouverte.

Elle étoit gardée par une figure dont la taille étoit courte, la tête grosse & pesante, l'air ignoble, les ongles crochus & pleins d'encre; elle parloit en ronflant; un hoquet continuel marquoit que sa digestion étoit laborieuse : sur son front étoit écrit, Finance. De l'autre côté, une figure timide, sèche & louche, au regard assuré, malgré sa misère & sa maigreur, tenoit le second battant. On lisoit sur sa joue droite qu'elle cachoit, Ressource.

Toutes deux ouvrirent la porte à la multitude qui se pressoit & se coudoyoit : les uns avoient une face enluminée, un ventre prodigieux, des jambes goutteuses, le cou apoplectique. Les autres étoient maigres, efflanqués, portoient des mines blèmes avec des perruques plates & des manchons pelés.

Aussitôt chacun de ces individus sortit un sac d'argent plus ou moins gros, & l'offrit presqu'à mains jointes au fantôme, en lui demandant un parchemin paraphé. Chacun crioit : « Après moi » le déluge; je double mon revenu; je vivrai » sans travailler; je deshérite tout ce qui m'appartient; j'augmenterai ma table; je nourrirai » des chevaux, & je ne me marierai point ». Un cri universel, qui avoit quelque chose de lugubre & d'attristant, fit entendre de toutes parts : » Moi, » moi, moi, & encore moi, jamais autre que » moi »! Ce moi terrible déchiroit l'oreille &

l'ame de tout le monde, & chacun le répétoit avec un transport effréné.

Les plus honteux ne crioient point, mais ils disoient tout bas : » Que m'importe autrui ? il » faut vivre pour soi : je vis pour moi, pour moi ». Et leurs lèvres, interprètes fidèles de leur cœur, répétoient incessamment ce monosyllabe.

Le fantôme vert fit un signe, & ce fut à qui se précipiteroit vers lui. On versa l'or & l'argent autour de son siège ; bientôt il en fut environné jusqu'aux épaules, quoiqu'il eût huit coudées de haut. Alors il se leva, prit une dixième partie de cet argent, & le rejeta à ceux qui le lui avoient apporté ; mais à mesure qu'il dispersoit ce métal, plusieurs individus tomboient & mouroient : aussi-tôt les voisins les rangeoient froidement & l'œil sec dans les sépulcres qui environnoient la salle.

Les survivans ramassoient l'argent du décédé, & le rejetoient au tas en criant : « Moi, moi, » moi, rien après moi, ainsi que l'a dit & prati- » qué mon prédécesseur ; suivons son exemple ! » Ils tiroient en même tems une petite fiole où étoit un élixir, & ils disoient en buvant : » C'est » pour me faire vivre cent années, & pour bien » attraper le fantôme vert ». Ce qui m'étonnoit, c'est qu'étant si avides de recevoir, ils l'étoient encore plus de remettre au tas qui s'accroissoit sans cesse.

Le fantôme tournant sur lui-même & en douze tems égaux, arrosoit circulairement la multitude d'une pluie d'espèces monnoyées; il s'arrêtoit pendant cette fonction, & tâchoit de gagner le plus petit espace de tems, car il savoit calculer la valeur du retard; mais la foule impatiente crioit :. » Ah, que le tour est long & mesuré! Malheu- » reux que je suis d'avoir été baptisé Zacharie au » lieu d'Abraham! Tournez donc plus vîte »..... Le fantôme, immobile à ces clameurs, lisoit sans s'émouvoir un petit livre intitulé : *Probabilités de la vie humaine*, avec son commentaire particulier; livre que la multitude ne lisoit pas, & qu'elle n'auroit pas su lire.

Les espèces enlevées du tas énorme descendoient sur la foule expectante qui s'éclaircissoit à mesure qu'elles tomboient : l'un expiroit tandis que l'écu étoit en l'air; & son voisin, le traînant charitablement au cerceuil, trébuchoit sur son camarade en murmurant : J'ai signé ma quittance.

Ils s'enterrèrent ainsi réciproquement, sans qu'il y eût une larme sincère de répandue. On fouilloit les poches des morts; elles étoient vides, & on les maudissoit. L'écu tombé à leurs pieds, ramassé par celui qui étoit le plus proche, par une tendance magique, revoloit toujours au fantôme; de sorte qu'il se trouva enfin seul au milieu d'un tas d'or & d'argent d'une grosseur prodigieuse.

Il n'y avoit plus que moi de vivant dans la salle; & le fantôme me lançant un regard effroyable, me dit : « Qui es-tu ? que fais-tu ? qui t'a » conduit ici ? que veux-tu ? — Eh, jouir, sans » parchemin, des rayons du soleil, des pommes » de terre, & de celles que portent les arbres ». Il se tut, voyant qu'il n'avoit rien à me compter; mais il sembloit me reprocher d'être encore debout parmi ces corps gisans par terre.

Je contemplois avec terreur ce fantôme, lorsque la robe verte qui le couvroit, tomba à ses talons. Je vis un squelette noir qui monta soudain un cheval qui n'étoit lui-même qu'un squelette. Je crus relire un verset mystérieux de l'Apocalypse : j'entendis le craquement effroyable de leurs os; le cavalier & le coursier n'avoient pas acquis de l'embonpoint au milieu de cette masse d'argent : elle s'envola, elle se changea même en ces vapeurs fluides qui montent au plancher; elles percèrent le toit de pierre sans l'ouvrir : rien ne resta qu'un tas de petits carrés chargés de parafes.

Tout-à-coup un bourdonnement confus se fit entendre : tous les décédés, qui avoient crié pendant leur vie, moi, moi, moi, se levèrent; le coude appuyé sur leur tombe; leurs figures pâles & repentantes se regardoient l'une l'autre, en disant : Mes enfans, mes neveux, mes amis oubliés! Elles firent quelques efforts pour élever la voix,

elles ne purent que murmurer ces mots d'une manière foible & lamentable : « Nous avons joué
» contre la mort, ce squelette aride & dévorant !
» Nous avons joué contre la mort ! La mort ! elle
» a gagné la partie, elle a gagné la partie, la
» mort ! elle a eu tout notre argent. La mort !
» moi, moi, moi..... La mort » ! Et à ces mots, ils retombèrent en silence dans leurs cercueils.

Me voyant seul au milieu de ces ombres plaintives, de ce murmure & de ce silence plus effrayant, l'épouvante s'empara de mon ame ; une sueur froide coula sur tous mes membres ; je poussai un cri perçant, & je me réveillai.

L'OPTIMISME,
SONGE VI.

J'AVOIS réfléchi un jour entier fur le bonheur qui eft le partage du méchant, & fur l'infortune qui pourfuit l'homme vertueux : la nuit déployoit fes voiles ; mais qui peut dormir fur le duvet, tandis que le malheureux fouffre, & que fes gémiffemens plaintifs accufent notre repos & réveillent dans nos cœurs l'invincible fentiment de la pitié ? Ce n'eft point le philofophe, ou pour mieux le qualifier, ce n'eft point l'ami des hommes : fon ame fenfible eft trop bien liée au fort de fes femblables, pour qu'elle s'ifole comme celle du méchant. L'âme de l'homme vertueux ne veut point être heureufe, ou veut l'être avec l'univers.

Mes fens affoiblis avoient cédé aux pavots du fommeil ; mais ma penfée libre & puiffante n'en fuivit pas moins le cours de fes méditations. Je ne perdis point de vue les deftins de l'infortuné ; mon cœur veilloit & s'intéreffoit pour lui. J'étois encore irrité, quoiqu'en fonge, du fpectacle que m'offroit cette miférable terre, où le vice infolent triomphe, où la vertu timide eft flétrie, perfécutée. J'éprouvois ces tourmens dont ne peut se défendre l'homme qui ne resserre point son être dans le point de son existence. Attristé, je traversois d'un pas lent les belles campagnes d'Azora; mais la tranquillité qui régnoit sur la face riante de la Nature, ne pénétroit point jusqu'à mon cœur. Toutes les scenes d'injustice, de forfaits, de tyrannie, s'offrirent vivement à ma pensée. D'un côté, j'entendois les cris de l'indigence affamée, qui se perdoient dans les airs; de l'autre, la joie folle & bruyante d'hommes insensibles & barbares, regorgeant de superfluités. Tous les malheurs qui accablent la race humaine, tous les chagrins qui la ruinent & la dévorent, se retracèrent en foule à ma mémoire; je soupirai, & la pointe douce & amère de la pitié blessa délicieusement mon cœur. Des larmes brûlantes ruisseloient sur mes joues: j'exhalai mes plaintes, & j'oubliai la sagesse, jusqu'à murmurer contre la main puissante qui arrangea les évènemens du monde. Dieu! m'écriai-je, que mon oreille n'entende plus les soupirs de la misère & les gémissemens du désespoir; que mes yeux ne tombent plus sur l'homme égorgeant son semblable; que je ne sois plus témoin du glaive étincelant du despotisme & des chaînes honteuses de l'esclavage; ou donne-moi un autre cœur, afin que je ne souffre plus avec un monde de malheureux. Hélas, tu as donné la vie à tant d'innocentes créatures qui ne te la demandoient pas ! Etoit-ce seulement pour les voir naître, souffrir & mourir ? La douleur parcourt ce triste univers comme un ouragant fougueux, tandis que le plaisir est aussi rare & aussi léger que l'aile inconstante du zéphyr.

J'allois continuer mes plaintes, lorsque je me sentis enlevé dans les airs par une force inconnue, la terre trembloit, le ciel s'allumoit d'éclairs, & mon œil mesuroit avec effroi l'espace immense qui se découvroit sous mes pieds. Je reconnus que j'avois péché; je criai: « grace, ô mon Dieu ! » grace à une foible créature qui t'adore, mais » dont le cœur a été trop sensible aux maux de » l'humanité ! « Tout à coup je sentis mes pieds affermis sur un sol inconnu; je me trouvai dans une obscurité profonde, j'y restai plongé quelque tems, & voici qu'un rayon plus rapide & plus perçant que l'éclair, vint dissiper les ténèbres qui m'enveloppoient. Un génie revêtu de six aîles brillantes se présenta devant moi : à la flamme céleste qui luisoit sur sa tête, aux caractères de la divinité empreints sur son visage lumineux, je le reconnus pour un des anges de l'Eternel. Ecoute, me dit-il, d'un ton qui me rendit le courage, « écoute, & » ne censure pas plus long-tems la providence, » faute de la mieux connoître : suis moi ». Je le suivis au pied d'une montagne dont le sommet fendoit les cieux. Je monte, ou plutôt je gravis.

Figurez-vous des rochers énormes, suspendus les uns sur les autres, qui à chaque instant menacent de tomber & d'écraser les plaines. Au milieu de ces points de vue effrayans, l'œil cherchoit en vain un arbre ou une plante qui lui rappelât la nature animée; il ne découvroit qu'une chaîne de rocs à moitié calcinés par les éclats de la foudre. Je suivois en tremblant mon conducteur; & les hurlemens des tigres & des lions, rendus plus affreux par l'écho, épouvantoient mon oreille: à chaque pas j'avois besoin du bras de cet ange secourable pour me soutenir, & je voyois à mes côtés, ô spectacle terrible! des compagnons malheureux, qui, voulant escalader ces rochers élevés, se tenoient suspendus à leurs pointes, mais qui bientôt lassés de l'effort, chanceloient, appeloient en vain à leur secours, rouloient, tomboient écrasés, & devenoient la proie des tigres qui se disputoient dans les vallons leurs membres palpitans.

Je crus qu'un pareil sort m'attendoit, lorsque l'ange me dit: « Ainsi la providence punit l'au» dace téméraire des mortels. Pourquoi l'homme
» veut-il pénétrer ce qui est impénétrable? Son
» premier devoir est de reconnoître sa foiblesse.
» Tout roule invisiblement sous la main d'un
» Dieu; ce Dieu veut te pardonner; il veut plus,
» il veut t'éclairer ». A ces mots, il me toucha la

main, & je me trouvai au sommet de la montagne. Quelle douce surprise ! Le penchant opposé où nous descendîmes, étoit un jardin tout-à-la-fois agréable & magnifique, où la verdure, le chant des oiseaux, le parfum des fleurs enchantoient tous les sens ; un charme supérieur y passionnoit l'être le plus indifférent. Mon divin conducteur me montra dans l'éloignement un temple d'étonnante structure; la route qui y conduisoit étoit si mystérieuse, que sans guide il étoit impossible d'y parvenir.

A notre approche, les portes du temple s'ouvrirent; nous entrâmes, & soudain elles se refermèrent avec un bruit de tonnerre sous une main invisible. « Personne ne peut les ouvrir, personne » ne peut les fermer, si ce n'est la voix puissante » de Dieu, me dit mon protecteur auguste. Saisi » de respect, je lus ces mots écrits en lettres » d'or: Dieu est juste, sa voix est cachée ; qui » osera vouloir approfondir ses décrets » ? Je jetai un coup-d'œil sur la hauteur magnifique de ce temple : tout cet édifice majestueux reposoit sur trois colonnes de marbre blanc ; au milieu s'élevoit un autel ; à la place de l'image de la divinité, montoit une fumée odoriférante, dont la douce vapeur remplissoit le temple. A droite de l'autel étoit suspendu un tableau de marbre noir, & vis-à-vis étoit un miroir composé du plus pur

cristal. L'ange me dit: « C'est ici que tu vas ap-
» prendre que si la providence rend quelquefois
» un homme de bien malheureux, c'est pour le
» conduire plus sûrement au bonheur. » Il dit,
& disparut. Ce n'est plus la froide terreur qui glace
mes sens ; c'est une joie pure, douce, ineffable,
qui remplit mon ame. Je versai des pleurs d'attendrissement ; mes genoux fléchirent, mes bras se
levèrent vers le ciel, & je ne pus qu'adorer en
silence la bonté suprême. Une voix majestueuse,
qui n'avoit rien de terrible, me dit : « Leve-toi,
» regarde & lis ».

Je portai les yeux sur le miroir. & j'y vis mon
ami Sadak; Sadak, dont la vertu constante &
courageuse m'avoit souvent étonné, qui savoit
braver l'indigence & même la faire respecter. Je
le vis assis dans une chambre dont les murs étoient
dépouillés ; il appuyoit sa tête languissante sur
le dernier meuble qui lui restoit, le cœur
consumé par la faim, & par le désespoir plus
cruel encore. Une seule larme s'échappoit de sa
paupière, larme de sang ! Malheureux, il n'osoit
pleurer. Quatre enfans crioient à leur père & lui
demadoient du pain; le plus jeune, foible &
languissant, couché sur un reste de paille, n'avoit
plus la force de gémir; il exhaloit les derniers
soupirs d'une vie innocente. La femme de cet
infortuné, aigrie par le malheur, oublioit sa ten-

dreſſe & ſa douceur naturelles, pour lui reprocher l'excès de leur misère. Ces plaintes cruelles déchiroient ſon cœur, & ajoutoient à ſon ſupplice. Sadak ſe leve, détourne la vue de ſes enfans, &, tout malade qu'il eſt, ſe traîne pour leur chercher quelque ſecours. Il rencontre un homme auquel il avoit ci-devant rendu les plus grands ſervices ; cet homme lui devoit l'emploi honnête dont il jouiſſoit. Sadak lui expoſe l'état déplorable où il ſe trouve ; il lui peint ſes enfans prêts à expirer dans ſes bras faute d'un peu d'alimens.... Celui-ci rougit d'être forcé de le reconnoître, regarde d'un œil inquiet ſi on ne l'obſerve point parlant à un homme qui porte la livrée de l'indigence ; il ſe débarraſſe du pauvre ſuppliant par de vagues promeſſes, des politeſſes froides, & tout-à-coup s'écarte à grands pas. C'étoit au moins pour la dixième fois qu'il traitoit avec inhumanité celui de qui il tenoit tout. Sadak, déſeſpéré, porte ſes pas au haſard, lorſqu'un de ſes créanciers l'arrête, le charge d'injures, raſſemble le peuple autour du malheureux, le menace publiquement, & eſt prêt à le frapper, plus par mépris que par courroux. Enfin, je le vis, errant de porte en porte, tendre une main ſuppliante, tantôt rebuté ; tantôt recevant l'aumône qu'on donne à l'importunité. Il achete un pain, le porte, le partage à ſes enfans, pleure de joie en appaifant leur faim, & remercie à genoux la providence des riches bénédictions qu'elle vient de répandre sur lui.

Je jetai un cri de douleur, d'étonnement & d'effroi. Mes yeux, chargés de pleurs, se tournèrent sur le tableau de marbre noir, & une main invisible y traça ces mots: « achève de contempler » Sadak, & condamne, si tu l'oses, la providence » qui règle tout ». Je reportai la vue dans le miroir, & j'y revis mon ami Sadak. Mais qu'il étoit changé! que la scène étoit différente! Ce n'est plus l'indigent Sadak, pauvre, il est vrai, mais tendre, vertueux, compatissant, plein d'honneur & d'humanité; c'est Sadak dans l'abondance, devenu opulent par un héritage inattendu; c'est Sadak qui, dans le sein corrupteur des richesses, a mis en oubli les vertus qui lui étoient chères. Assoupi dans le luxe, il est dur, il commande avec aigreur, & ne souffrant plus, il ne se souvient point qu'il est des malheureux, & que lui-même l'a été. Je lus aussitôt avec une admiration respectueuse ce que le tableau mystérieux m'enseignoit. « Souvent la vertu » souffre, parce qu'elle cesseroit d'être vertu, si » elle ne combattoit pas. Lorsque l'auguste Provi- » dence fait descendre la misère sur la tête d'un » mortel, la patience sa sœur l'accompagne, le » courage la soutient, & c'est par ce don que la » vertu se suffit à elle-même, & qu'elle devient
» heureuse

Songe VI.

» heureuse lors même que l'infortune semble l'ac-
» cabler ».

Mon œil avide ne tarda point à se reporter sur le miroir. Quel objet plus intéressant pour mon cœur! C'est ma patrie que j'aperçois, ma chère patrie, la ville heureuse où j'ai pris naissance! Mais ciel, que vois-je! Tout-à-coup une armée formidable a inondé ses campagnes, a environné ses fortes murailles, a préparé pour sa ruine les machines infernales de la destruction. Le fer est prêt, la vengeance & la rage allument leurs flambeaux. O superbe ville! tu trembles, malgré tes fiers défenseurs. Tes trésors enflamment dans le cœur de l'ennemi la soif du pillage. Tu veux lui opposer une courageuse résistance. Vains efforts! il monte, il escalade tes orgueilleuses tours; le sang coule, la mort vole, la flamme ravage; tu n'es plus qu'un triste monceau de pierres que couvre une épaisse fumée. Mes malheureux concitoyens, échappés à l'embrasement, errent dans les bois, mais l'horrible famine les attend dans ces déserts; elle les dévore lentement, & prolonge leur supplice & leur mort. Dieu juste! m'écriai-je, un million d'hommes tomberont les victimes d'un seul ambitieux, les enfans seront égorgés sur le sein de leurs mères, les cheveux blanchis des vieillards seront traînés dans le sang & la poussière, l'innocente beauté deviendra la proie d'une foule meurtrière, une ville entière disparoîtra, parce que la cupidité d'un monstre aura convoité ses richesses ! « Un pays rempli de prévaricateurs, répondit le » tableau, mérite le châtiment d'une divinité trop » long-tems méprisée. Ceux qui n'étoient point » coupables sont arrachés au danger de le devenir; » & si la main de la providence les a frappés, » c'étoit pour les préserver d'un naufrage bien » plus horrible que ne l'est le tourment d'une » mort passagère : leur refuge est dans le sein de » la clémence d'un Dieu éternel ».

Le palais du ministre Aliacin, dont les pyramides dorées percent la nue, s'élevoit avec trop de magnificence, pour qu'il ne vînt point frapper mes regards. Que de fois l'indignation avoit saisi mon cœur à l'aspect de ce monstre heureux qui, avec une ame vénale, un cœur barbare, des mœurs dépravées & un génie despotique, avoit comme enchaîné la fortune à son char ! Son élévation étoit le fruit de ses bassesses, ses trésors le prix de sa trahison. Il avoit vendu sa patrie pour de l'or. Une province entière gémissoit sous son oppression. Tantôt il rioit du foible murmure d'un peuple ployé à l'esclavage; tantôt il traitoit de cris de révolte ses gémissemens étouffés. Chaque jour il commettoit un nouvel attentat, & chaque jour le succès couronnoit son audace.

Cependant l'intérieur de son palais n'offroit,

tant sur la soie que sur la toile, que des traits de générosité & des exemples de vertus. Les bustes des grands hommes de l'antiquité ornoient la maison du plus lâche scélérat; & ces marbres muets, loin de parler à son cœur, ne le faisoient pas même frémir lorsqu'il les regardoit. Je considérai ce méchant, revêtu de puissance, entouré de flatteurs, redouté de ses ennemis, encensé publiquement, & maudit, mais seulement tout bas. Mille raretés précieuses décoroient son cabinet, & chacune d'elles ne lui avoit coûté qu'une injustice.

La pourpre le couvroit aux dépens de ceux qui alloient nus, & le vin qu'on lui versoit dans une coupe ornée de pierreries, pouvoit être considéré comme un extrait des pleurs qu'il faisoit répandre.

Il sort d'une table fastueuse, & va mettre aux pieds d'une concubine le patrimoine d'un orphelin. Il se tient avec elle à la fenêtre, & de là il voit tranquillement mettre à mort un citoyen sensible & courageux, qui a osé lui représenter l'abus de son pouvoir. On étrangle l'homme de bien, & un courrier vient, une heure après, annoncer au ministre que le sultan, pour reconnoître ses services signalés, lui fait présent d'une terre considérable. Le monstre sourit, & devenu plus puissant, il songe à se rendre plus terrible.

Ma haine, contre cet odieux tyran, devint si forte, qu'impatient je tournai à plusieurs reprises mes regards sur le tableau, comme pour hâter l'arrêt qu'il devoit prononcer; mais rien n'y paroissoit encore tracé. Ma vue retombe tristement sur le cristal merveilleux. J'aperçois Aliacin entrant dans un cabinet secret. Quelle satisfaction pour mon cœur! La nature, les malheureux & la terre sont vengés. Cet homme puissant, qui sembloit le plus heureux des mortels, lit une lettre, pâlit, tremble, frappe son front de cette même main dont il égorgeoit l'innocent. Agité d'un désespoir qu'il ne peut vaincre, il va, vient, erre en furieux, déchiré par la crainte plus que par les remords. Il arrache toutes les marques de sa dignité, les foule aux pieds, & dans sa rage il pleure comme un enfant. Je cherchois à deviner le sujet de sa fureur, lorsqu'un de ses favoris, plus vil que son maître, perce jusqu'à son cabinet; & j'apprends la cause de son désespoir. Un de ses confidens, espion à la cour, venoit de lui écrire qu'un orage nouveau s'étoit formé; qu'il alloit perdre son rang & son crédit, s'il ne possédoit pas assez d'adresse pour détourner le coup. Aussitôt cet honteux favori conseilla d'une voix ferme à son maître ce que tout autre n'auroit pu lui dire impunément. Ce conseil affreux plut au barbare. Il ordonna qu'on amenât sa fille en sa présence. Nourémi parut; elle étoit belle, & elle avoit des vertus. Dieu! avec quelle horreur elle entendit que son père vouloit la livrer aux desirs du Sultan, comme une victime immolée à son insatiable ambition! Elle tombe presque sans sentiment aux genoux de son père ; elle fait parler les pleurs de la beauté, de la nature, de l'innocence..... Un regard sévère lui commande d'obéir ; elle obéit & meurt.

Aliacin en devint-il plus heureux? Je le vis, dans l'asyle du repos, étendu sur le duvet, ou plongé dans un bain délicieux. On le croiroit couché sur des épines. Il craint pour sa vie, il se lève, il parcourt à pas tremblans son palais; il trouve ses esclaves endormis, & envie leur paisible sommeil. Le jour luit : toujours inquiet, toujours soupçonneux, il frémit quand il mange, il pâlit lorsqu'il boit, incertain s'il fait couler la nourriture ou la mort dans son sein. Il redoute jusqu'aux caresses des femmes qu'il tyrannise, & dont il est l'esclave. Si quelqu'un s'élève, mille serpens rongent son sein ; c'est l'adversaire qui doit un jour le renverser; c'est l'homme redoutable qui doit s'asseoir à sa place.

Plein d'une attente respectueuse, je consultai la table des augustes jugemens de l'Eternel, & je lus : « la vérité est terrible au méchant; elle est » sans cesse présente à ses yeux; c'est elle qui fait » son supplice; il ne voit que ce miroir redoutable, » où il lit son injustice & la difformité de son ame ».

Tout-à-coup un bruit sourd comme celui d'un tonnerre lointain se fait entendre; je tourne la vue sur le palais d'Aliacin. Ses jardins, ses pyramides, ses statues, lui-même, tout étoit disparu. A la place de ce séjour, où toutes les voluptés étoient rassemblées, on ne voyoit plus qu'un repaire de couleuvres impures, rampant dans des marais fangeux. Tel est le fondement des palais que le crime a bâtis. Les mots suivans, gravés sur le marbre noir, me découvrirent ce qu'Aliacin étoit devenu. « Il a été balayé de dessus la terre comme la vile » poussière, & les races futures douteront s'il a » existé ».

Cet effrayant tableau ne sortira jamais de ma mémoire, & depuis ce tems je gémis en voyant un homme puissant. On contemple ses richesses, moi je le vois exposé au bras de la justice divine. Mon œil plus attentif revola sur le miroir, & j'apperçus Mirza & Fatmé, amans tendres, généreux, & dans cet âge où l'on connoît l'enthousiasme de la vertu. Ce même jour venoit de les unir, & leur tendresse mutuelle leur promettoit une longue suite de jours aussi fortunés. La douce ivresse du bonheur brilloit dans leurs regards, leurs mains étoient entrelacées, & leurs soupirs se confondoient avec une douceur touchante. Fatmé avoit la beauté d'une vierge, sa pudeur, ses graces, & ce doux incarnat dont l'éclat est si fugitif. Le plus beau sein renfermoit le cœur le plus noble. Muet d'amour, l'ame plongée dans un ravissement inexprimable, Mirza embrassoit Fatmé, & des mots interrompus étoient les seuls & foibles interprètes des mouvemens de son cœur. Fatmé récompensoit la tendresse de son amant d'un aimable sourire; son front rougissoit, & ce rouge adorable étoit l'effet de l'amour le plus pur. Comme leur silence exprimoit ce que leur langue ne pouvoit rendre! Mon cœur tressaillit de joie au séduisant tableau de la vertu couronnée des mains de l'amour. Comment l'ami de l'homme pourroit-il voir deux cœurs heureux, sans être ému de plaisir & sans applaudir à leur bonheur!

Ces deux amans se félicitoient d'être unis, parce qu'ils pouvoient faire le bien ensemble. Ils étoient riches & satisfaits de l'être, parce qu'ils pouvoient soulager la foule des malheureux. Le jour de leur hymen, ils voulurent que des cœurs aussi sensibles que les leurs goûtassent la même félicité : ils marièrent de jeunes filles à leurs jeunes amans, lorsque l'infortune étoit le seul obstacle qui s'opposoit à leur union. Mirza veut que tous les cœurs soient à l'unisson du sien; son ame sublime voudroit souffler sur la nature entière une volupté universelle & inaltérable. « Chère Fatmé, disoit-il, dans le
» sein du bonheur, nous pourrons dire : nous ne
» sommes pas les seuls heureux; nous jouissons,
» & dans ce moment quelqu'un nous bénit; nous

» avons fait descendre l'hymen dans de tristes
» chaumières; des cœurs innocens se sont ouverts
» à la joie; l'amour consolateur a effacé l'image
» de leur misère; & nous, nous verrons leurs
» enfans sourire à notre approche. Fatmé, leurs
» caresses seront notre plus douce récompense »!

Ces ames tendres & vertueuses formoient le plan d'une vie utile & bienfaisante : leurs enfans devoient être élevés dans les saintes maximes de la sagesse; on devoit leur enseigner, avant tout, à être simples & bons, parce que la simplicité & la bonté sont le principe de toutes les vertus; on devoit nourrir dans leurs ames flexibles & tendres les impressions d'humanité & de commisération, parce qu'il faut être sensible, afin d'être homme. Ce couple charmant & respectable s'enflammant aux transports de leurs cœurs, voyoit déjà leur postérité hériter du sang généreux qui couloit dans leurs veines. Dans ce ravissement qu'inspirent l'amour, la vertu, le bonheur, ils tombent à genoux devant l'Être suprême. « Grand Dieu! s'écrioient-ils,
» donne-nous des enfans dignes de toi! Qu'ils
» soient humains; qu'ils marchent dans les voies
» de ta justice : ou s'ils doivent s'écarter des loix
» saintes que nous chérissons, frappe-nous plutôt
» de stérilité, & qu'ils ne reçoivent pas une exis-
» tence qu'ils aviliroient à nos yeux comme aux
» tiens »! Leurs bras supplians étoient entrelacés,

SONGE VI.

lorsque le plafond de la cham... ...rie, s'ébranle. Fatmé s'évanouit de frayeur. Mirza pouvoit encore se sauver; mais comment abandonner sa chère Fatmé? Il veut l'enlever dans ses bras; le mur chancèle, tombe, écrase & ensevelit ces deux amans. Le monde perd son plus digne ornement, & le genre humain, l'exemple des plus rares vertus.

Je cachai mon visage pour pleurer librement. Je souhaitai d'être accablé sous ces tristes ruines avec Mirza & Fatmé. Long-tems immobile, je n'osai hasarder mes regards sur le tableau; je levai enfin un œil tremblant, & je lus: « L'aveugle
» esprit de l'homme ne voit rien que dans le pré-
» sent; la providence seule connoît l'avenir: la
» mort la plus soudaine a été la récompense des
» vertus de Mirza & de Fatmé; elle les a fait
» passer à un état de délices dont ce monde n'offre
» point d'idée, en même tems qu'elle les a sauvés
» de l'horreur de mettre au jour des descendans
» indignes d'eux ».

Je conclus que je ne devois rien décider désormais, moi, foible atome, dont la vue bornée ne pouvoit embrasser ma propre existence. En regardant encore l'incompréhensible miroir, j'eus un nouveau sujet d'étonnement: j'aperçus Agenor, malheureux jeune homme adonné à toutes sortes d'excès, & le libertin le plus décidé d'une ville dissolue. Il étoit pâle, défait, violemment agité;

il se promenoit à grands pas dans sa chambre, portant en fureur la main à son front, & prononçant à voix basse quelques imprécations. Il reste un moment comme irrésolu. Bientôt toute sa rage éclate, il court à une armoire secrete, en tire un papier, verse dans une tasse d'une certaine poudre..... Oui, dit-il les yeux enflammés, ce poison sera l'unique ressource que j'embrasserai: il me sauvera de l'opprobre qui m'attend. L'infidelle Roxane me sacrifie à l'indigne Dabour; mon père ne veut plus payer mes plaisirs ; mes créanciers me menacent chaque jour de la prison: vengeons nous à la fois de Roxane, de mon père & de mes créanciers. Il portoit la tasse à sa bouche, & j'étois peu affligé de voir le monde perdre un débauché furieux, lorsque tout-à-coup il s'arrête. Quoi! s'écrie-t-il d'un ton sourd & étouffé, je mourrois, & sans être vengé! Perfide rival! ah! je veux rougir la terre de ton sang : tu tomberas sous ma main, & ta mort doit satisfaire ma fureur! Il dit, pose la tasse, prend son cimeterre & sort. A peine est-il dans la rue, que son père, vénérable vieillard, monte à la chambre de son fils. Hélas! il eût été heureux sans ce fils. On lisoit sur son front cette douleur vive qui abat une ame paternelle. Il venoit représenter à ce fils ingrat les loix de l'honneur, celles de la probité & du devoir. Il se flattoit de toucher son cœur, de le rame-

ner à la vertu. Ses rides, ses nobles rides & ses cheveux blancs, les larmes qui baignoient son visage, tout inspiroit le respect & la pitié. En le voyant, l'ame la plus dure se seroit émue. Ce vieillard infortuné, fatigué des mouvemens qu'il s'étoit donnés, étoit altéré. Il aperçoit la tasse fatale : il boit, tombe à terre, & rend l'ame dans les plus horribles convulsions. J'osai confier ma surprise à la justice suprême, & elle traça de son doigt invisible les mots suivans sur le tableau redoutable : « Le père d'Agenor s'étoit
» rendu, par sa coupable négligence, la cause
» de la perte de son fils : il étoit juste qu'Agenor
» devînt à son tour l'instrument de son supplice.
» O pères ! connoissez toute l'étendue de vos
» devoirs, & frémissez. Tolérer le vice, c'est le
» commettre ».

A peine ces mots furent-ils tracés, qu'ils disparurent, & ceux-ci prirent leur place: « considère » le tout, afin de ne point errer ». Aussitôt j'aperçus dans le miroir une grande île, coupée en deux par un fleuve. La partie droite formoit une plaine florissante, couverte de palais somptueux, de jardins magnifiques : elle étoit peuplée d'hommes richement vêtus. La gauche, au contraire, présentoit un désert aride, où quelques misérables cabanes entr'ouvertes laissoient voir les indigens qui y menoient une vie obscure & pénible.

Cette île pouvoit être considérée comme une image du globe de la terre. On appeloit le pays à droite, le pays des heureux. Des chants, des danses, des festins, des spectacles sembloient leur unique occupation : la volupté sourioit dans les yeux des beautés tendres qui les accompagnoient ; elles se laissoient mollement entraîner vers des ombrages solitaires. Cependant je remarquai que la plupart d'entr'eux ne s'estimoient heureux qu'autant qu'ils étoient aperçus des gens qui habitoient la rive opposée. Dans les repas les plus splendides, ils paroissoient d'une joie extrême ; mais moi, qui découvrois leurs cœurs à nu, je les voyois dévorés de vers rongeurs. Ils sembloient à la table des dieux boire le nectar, & l'enfer étoit dans leurs seins. Quoique dans l'abondance, leurs desirs étoient loin d'être satisfaits : ils n'avoient qu'une bouche pour savourer les alimens, & leur imagination active & insensée dépeuploit la terre & les mers pour fournir de nouveaux mets à un palais usé par des sensations trop fréquemment répétées. Parmi ces prétendus heureux, il en étoit qui quittoient tout-à-coup les plaisirs pour courir après un certain feu follet, au bruit des tambours & du canon. Ils revenoient tout sanglans, quelquefois mutilés, & alors ils se faisoient appeler héros. D'autres faisoient les plus grands efforts pour monter au sommet d'un gradin qui étoit occupé, tandis qu'un peu plus bas ils auroient pu trouver une place fort commode. Ils se tourmentoient d'une manière étrange. Quelquefois on se moquoit d'eux, & le plus souvent on les jetoit au dernier rang. Rien ne les rebutoit: ils remontoient; & s'ils réussissoient, soit par adresse, soit par importunité, alors ils n'avoient pas seulement le tems de s'asseoir, assez embarrassés, assez occupés à repousser l'ambitieux qui à son tour vouloit usurper leur place. Plus loin, j'apercevois des têtes légères qui couroient çà & là, sans occupation comme sans affaires, semant des pièces d'or sans plaisir, & finissant par mettre le feu à leurs palais pour réjouir un instant les yeux d'une concubine capricieuse. Ensuite ils regagnoient à force de bras le pays désert, dit le pays des malheureux. Dans ce misérable séjour, on n'entendoit que des plaintes & des cris; tous les habitans marchoient courbés sous le fardeau d'une loupe de chair qui opprimoit le derriere de leur cou. C'étoit d'un regard triste & envieux qu'ils contemploient le pays de la félicité. Qu'obtenoient-ils par ces vains desirs? La bosse qu'ils portoient devenoit beaucoup plus pesante. S'ils s'approchoient de ces hommes fortunés, ils entendoient les railleries piquantes, lancées à l'envi l'un de l'autre contre les misérables porteurs d'une loupe de chair. Il n'étoit pas facile, mais il n'étoit pas absolument défendu aux habitans du pays malheureux de traverser le fleuve à la nage, & de s'établir dans le pays des riches; mais après avoir essayé quelque tems de l'air du canton, ils revenoient presque tous volontairement, aimant mieux encore porter une bosse pesante, que d'être toujours en guerre avec leur propre conscience. Si quelqu'un se plaignoit de ce que sa loupe étoit beaucoup plus lourde que celle de son confrère, il avoit le pouvoir de l'échanger; mais il se repentoit ordinairement du troc, & reprenoit son premier fardeau. Ces masses de chair ne me parurent point aussi insupportables que le porteur l'assuroit. En général il me sembla que, si dans le pays de félicité l'on exagéroit par air le sentiment du plaisir, dans le pays de misère on exagéroit par foiblesse le sentiment de la douleur: car c'est une ancienne manie, & toujours subsistante, que celle de vouloir être plaint. Je remarquai que la mal-adresse de ces derniers rendoit le fardeau beaucoup plus difficile qu'il n'étoit. Ceux qui savoient le porter agréablement, paroissoient contens & dispos: l'habitude leur rendoit à peine le poids sensible; au lieu que ceux qui ne s'étudioient pas à savoir maintenir un juste équilibre, chanceloient à chaque pas, & rendoient leur marche très-pénible. Un autre avantage du pays de misère, c'est que les habitans se confioient en assurance aux vagues irritées. Leur boffe les foutenoit toujours fur la furface des flots : ils avoient beau être ballottés ; les plus rudes fecouffes de la tempête n'apportoient aucun dommage à leur fituation : au contraire, les citadins du pays de félicité voyoient fouvent les plaines unies de leurs belles campagnes tout-à-coup bouleverfées au moindre mouvement de l'empire liquide; eux-mêmes emportés par les courans, ne pouvoient furnager, & l'or qui couvroit leurs habits ne contribuoit pas peu à les engloutir. J'obfervai auffi que dans le pays fortuné, on étoit bien moins habile, bien moins induftrieux, bien moins humain, bien moins charitable, que dans le pays des malheureux.

Mon œil avide cherchoit quelqu'autre objet de comparaifon, lorfque le ciel de l'ifle fe couvrit de fombres nuages : le tonnerre fe fit entendre; des éclairs furieux déchirèrent la nue ; une grêle effroyable fondit fur la terre.

Tous les cœurs furent conſternés : mais foudain la mer fouleva fes abymes; fes vagues impétueufes s'élevèrent jufqu'au ciel, affiégèrent la double ifle, & bientôt l'engloutirent avec tous les habitans. Je ne vis plus dans le miroir qu'une lugubre & pâle obfcurité, qui couvroit un amas immenfe d'eaux, d'où perçoient quelques gémiffemens confus. A l'inftant même, une lumière furnaturelle remplit le temple; le nuage odori-

férant qui fumoit sur l'autel se transforma en une colonne de flamme ; & la voûte de l'édifice subitement enlevée, m'offrit le spectacle d'un trône lumineux qui descendoit lentement au bruit majestueux du tonnerre. Je tombai de frayeur devant la divinité de ce lieu redoutable : un bras divin daigna me relever, & je revis auprès de moi l'ange qui m'avoit servi de guide. Sa voix me rendit le courage; je lus ces mots écrits en traits de flamme sur le marbre mystérieux : » La mort rend les
» hommes égaux. C'est l'éternité qui assigne à
» l'homme son véritable partage. La justice est
» tardive; mais elle est immuable : l'homme
» juste, l'homme bon se trouve à sa place, & le
» méchant à la sienne. Mortels! la balance d'un
» Dieu éternel penche dans les abymes de l'éter-
» nité ». Alors le miroir redevint parfaitement clair, & je vis une grande & belle femme, revêtue d'une majesté céleste, assise sur une demi-colonne : elle tenoit d'une main une balance, & de l'autre une épée flamboyante. Des millions d'hommes de toute nation & de tout âge étoient rassemblés autour d'elle. Elle pesoit les vertus & les vices, pardonnoit aux défauts, enfans de la foiblesse; la patience & la résignation étoient récompensées, & les murmures indiscrets étoient punis. Je vis avec une joie inexprimable que les pleurs des malheureux se séchoient sous sa main bienfaisante.

fante. Ces infortunés bénissoient leurs maux passés, source de leur bonheur présent. Plus ils avoient souffert, plus grande étoit leur récompense. Ils entroient dans les demeures éternelles, où le Dieu de bonté se plait à exercer sa clémence, le premier, le plus grand, le plus beau, le plus adorable de tous ses attributs. Tous ceux que l'Eternel avoit daigné animer de son souffle divin, étoient nés pour être heureux. Les taches qu'imprime à l'ame le vil limon du corps, disparoissoient devant l'éclat du vrai soleil : sa splendeur absorboit ces ombres passagères. Le Créateur de ce vaste univers étoit un père tendre qui recueille ses enfans après un long & triste pélerinage, & qui n'arme point sa main contre leurs fautes passées. Ceux qui avoient ouvert leurs cœurs à la justice, à la douce pitié, qui avoient secouru l'innocent, soulagé le pauvre, recevoient un double degré de gloire. Un cantique immortel de louanges, répété par la race entière des hommes, annonçoit la réparation des choses.

Les tems de la douleur, de la crainte, du désespoir, étoient à jamais écoulés; les beaux jours de l'éternité s'ouvroient; la figure de ce monde étoit évanouie ; aucun gémissement ne devoit troubler la céleste harmonie de la félicité universelle. Ce Dieu bon, dont la main magnifique est empreinte sur toute la nature, qui a embelli

jusqu'au lieu de notre exil, embrassoit dans son sein toutes ses créatures : le père & les enfans ne faisoient plus qu'une même famille. Alors une voix tonnante se fit entendre. » Va, foible mor-
» tel, esprit audacieux & borné, va, apprends à
» adorer la providence, lors même qu'elle te pa-
» roîtroit injuste. Dieu a prononcé un seul &
» même décret : il est éternel, il est irrévocable ;
» il a tout vu avant de le porter. Êtres finis ! vos
» systêmes, vos vœux, vos pensées entroient dans
» son plan : soumettez-vous, espérez, & n'ac-
» cusez point son ouvrage ». Le temple parut alors s'écrouler sur ma tête. Je m'éveillai, incertain si ce que j'avois vu étoit une apparition ou une réalité. Dois-je encore m'indigner de la prospérité du méchant ? Dois-je murmurer du malheur de l'homme juste ? Ou plutôt, ne dois-je pas attendre que le grand rideau étendu sur l'univers soit tiré à nos yeux par la main de la mort ? C'est elle qui doit nous faire vivre, en découvrant la vérité immuable, éternelle, qui ordonna le cours des évènemens pour sa plus grande gloire, & pour la plus grande félicité de l'homme.

LE BLASON,
SONGE VII.

JE rêvois que j'étois excessivement riche, & que, la tête m'ayant tourné, j'avois acheté la noblesse; que j'y avois joint une belle terre qui me donnoit le titre de baron.

Aussitôt je fis peindre mes armoiries sur les portes, les fenêtres, les cheminées de mon château: je les fis graver sur les chapeaux de mes domestiques, sur leurs bas, sur les fers de mes chevaux; la garde-robe n'en fut pas même exempte, & je voulois que par-tout on reconnût les armoiries de M. le baron.

J'achetai tout exprès une bibliothèque, afin de faire mettre mes armes sur le dos de chaque volume; & je les prêtois à tout venant, me dispensant de les lire, vu mon opulence.

J'envoyai cinquante mille écus à un généalogiste qui me faisoit descendre de Louis le Gros par les femmes; & le tableau de cette généalogie fut appendu dans le lieu le plus apparent de mon salon.

Quelqu'un s'étant avisé de dire à ma table que les hommes n'ont qu'une seule & même tige, que la noblesse devroit être fondée sur des vertus personnelles, je lui soutins qu'il falloit être né gentilhomme pour être quelque chose dans ce monde; & quoiqu'il se tût après cette convaincante réponse, parce qu'il mangeoit beaucoup, je le fis remarquer à mon portier, afin qu'il fût éconduit chaque fois qu'il se présenteroit.

Un autre convive ayant soutenu que, s'il prenoit fantaisie au grand-seigneur de se faire baptiser, il ne seroit pas reçu chanoine dans un chapitre d'Allemagne, attendu qu'il ne pouvoit faire aucune preuve du côté de sa mère, je le pris en singulière affection; car il me répétoit souvent que je prouvois huit quartiers, d'après le tableau de mon salon.

A force de l'entendre dire, je me le persuadai à moi-même, & je respectois un grand vaurien de fils, parce qu'il avoit un degré de noblesse plus que moi.

Madame la baronne tomboit en syncope dès qu'on annonçoit un roturier. Elle me fit acheter le Nobiliaire, l'Art héraldique, qu'elle consultoit soir & matin; &, d'après son récit, je voyois clairement que la famille étoit noble de toute éternité.

Le sujet de la conversation journalière étoit d'examiner quel étoit le prince de l'Europe le plus distingué par la noblesse. Quelques têtes couron-

SONGE VII.

nées perdirent à cet examen, & leur diadème pâlit sous l'œil scrupuleux de madame la baronne; mais elle avoit conçu en revanche une vénération religieuse pour un petit prince qui venoit de naître, parce qu'elle prétendoit que, réunissant le sang de deux maisons illustres, il étoit plus noble que chacune d'elles en particulier.

Je répétois ses paroles par-tout où je me trouvois: alors elle me gracieusoit d'un doux sourire, ce qui me ravissoit ; car depuis longtems elle m'avoit convaincu que l'amour le plus extrême l'avoit seul fait déroger, en venant partager ma couche.

Je chassois tous les jours ; & , dès qu'un malheureux paysan avoit tué un lièvre, je le faisois traîner dans une cave humide, que j'appelois une prison, & où les rats venoient lui manger les pieds. Je n'en assistois pas moins à la messe solennelle, puis j'invitois à dîner le curé, qui avoit fait un sermon sur la charité: je louois à haute voix, pendant le repas, sa touchante éloquence.

Madame la baronne m'avoit mis en tête de bâtonner de tems en tems quelques paysans, pour leur intimer la subordination ; ce que je faisois, pour bien conserver mon rang. Mais un de ces paysans m'ayant rencontré à six lieues de mon château, dans un endroit où il n'y avoit pas de témoins, me fit pesamment sentir que l'inégalité des conditions n'est qu'une chimère : argument décisif que je ne communiquai point à madame la baronne; car elle n'auroit jamais voulu avouer sa possibilité.

Je crus moi-même, quinze jours après, que c'étoit un rêve, un délire de mon imagination, & je continuai à méprifer sa robe, à mal parler de la cour, à décider que je resterois oisif, & que je ne servirois qu'au préalable on ne me donnât un régiment.

J'avois une grande fille, bien dignement élevée par sa mère. A six ans elle donna un soufflet au fils d'un président qui avoit osé l'embrasser à la fin d'un menuet; après quoi elle lui présenta noblement sa main à baiser : ce qui fit présager à madame la baronne l'alliance la plus solemnelle, vu la force du sang qui avoit parlé en elle de si bonne heure.

Madame la baronne me regardoit comme un monarque fourvoyé qui, au jeu obscur de la naissance, avoit manqué une couronne; sa tendresse m'en consoloit quelquefois, en me représentant les soucis, les travaux & les inquiétudes attachés à la royauté; elle me faisoit apercevoir un de mes petits-fils succédant à quelque branche éteinte; mon arbre généalogique ne devoit pas finir sans pousser quelques fleurons.

Dans l'extase de ces belles idées, nous nous serrions tendrement la main, surtout en con-

Songe VII.

remplant la dignité future de notre postérité : aussi en sortant de ces conversations, madame la baronne, toute entière à la première vertu des princes, à la clémence, daignoit généreusement traiter un paysan comme un homme ; car elle n'étoit pas vraiment née avec une ame tyrannique.

Ma fille grandissoit : elle auroit pu nommer toutes les pièces honorables dans leur position respective & sans les confondre, le blason lui étoit familier : madame la baronne regardant tous les roturiers comme les animaux de la basse-cour, ne craignoit pas pour sa fille la moindre séduction : tous les roturiers, assimilés aux coqs-d'Inde, pouvoient lui parler & l'accompagner ; mais un noble n'entretenoit jamais ma fille que sous les yeux de sa mère & à une distance convenable.

Qui l'eût prévu ! le fils du bailli du village fit un enfant à ma fille. Madame la baronne, les cheveux épars, vint me l'apprendre ; & moi, voyant mon arbre généalogique coupé de cette manière, j'entrai dans une si furieuse surprise, que je crus mourir d'indignation ; mais je ne fis que m'éveiller.

DE LA FORTUNE
ET DE LA GLOIRE,
SONGE VIII.

LE sceptre de Morphée avoit touché mes paupières : les noirs soucis, les inquiétudes voltigeoient loin de moi. Tout, jusqu'à mon amour, goûtoit avec mon cœur les charmes du repos. Tout-à-coup un peuple de fantômes vient frapper mon imagination; mais bientôt elle démêle un système régulier dans cette scène tumultueuse, & tel est le tableau fidèle que ma mémoire en a conservé..... Je me trouvois dans un temple rempli d'un peuple immense; j'entendois de tous côtés ces mots : Elle va paroître...., la voilà...., non...., oui...., c'est elle...., non. On alloit, on venoit, on se coudoyoit. Hommes & femmes, jeunes & vieux, magistrats & gens de guerre, artisans, citoyens, étrangers, tout étoit en mouvement comme en confusion. Tout-à-coup ce ne fut qu'un cri. Je tournai la tête, & je vis une femme nue, un bandeau sur les yeux; elle avoit un pied sur une roue qui tournoit avec une rapidité inconcevable; dessous on lisoit cette inscription : *A la souveraine de l'univers*. Aussitôt toutes les bienséances furent anéanties ; on se heurtoit sans ménagement, & moi-même, entraîné dans la foule, j'étois forcé d'obéir à son énorme impulsion. On crioit à mes oreilles : A moi, à moi, à votre plus fidèle serviteur, à votre esclave. O déesse, regardez-moi ! je rampe, je flatte, je sers depuis dix ans..... Et tous les visages m'offroient alors quelque chose d'avide, de dur, de rebutant. On fouloit aux pieds sans miséricorde ceux qui étoient tombés. Cependant des pièces d'or pleuvoient de toutes parts ; il suffisoit d'en ramasser une pour être riche ; elle se multiplioit dans la main de celui qui la possédoit ; mais personne ne se contentoit d'une seule. Les uns se plaignoient des rigueurs de la déesse, les autres sembloient puiser une nouvelle fureur, dès qu'ils avoient obtenu quelque bienfait ; mais elle, sans s'embarrasser ni de leurs éloges, ni de leurs reproches, ni de leurs clameurs, distribuoit toujours en tournant, les dons divers qu'elle avoit à faire à cette foule empressée. La plupart étoient trompeurs. Celui-ci croit ramasser un trésor, il ne ramasse que le goût des chimères & de la prodigalité ; celui-là, en se bâtissant un palais, se prépare le poison que lui destine son avide héritier. Dans le flux & reflux continuel qui me pressoit, je n'avois rien de plus précieux à desirer que de sauver ma fragile existence. Tandis qu'une joie folle éclatoit à ma droite, des larmes de rage couloient à ma gauche. Ni la beauté, ni les mœurs, ni l'esprit n'attiroient l'attention de l'aveugle déesse. Le plus fort, le plus adroit, ou, pour mieux dire, le plus fourbe, ravissoit ses présens. Chacun élevoit en l'air un morceau de papier qui contenoit ses demandes; c'étoient autant de placets. J'en lus plusieurs; le premier portoit: O déesse! je n'ai que cent mille livres de rente, comment voulez-vous que je vive? Je dépense cela en porcelaines & en magots; ô vous, qui faites les heureux du siècle, permettez seulement que j'affame une province, & mes affaires iront bien! Un autre disoit: O déesse! un homme de ma naissance & de mon rang devroit-il se trouver dans cette bagarre? Ne seroit-ce point à vous à venir au-devant de moi? Et à quoi servent les loix, si ce n'est à m'assurer en paix l'oisive opulence qu'il est de ma grandeur de prodiguer à ceux qui sauront flatter mes caprices? Celui d'une jeune fille s'énonçoit ainsi: O déesse, un amant, quand même il ne devroit pas être mon mari; ou un mari, quand même il ne devroit pas être mon amant! Celui d'un poëte: Vous qui tenez le dieu Plutus assis sur vos genoux, & qui le caressez familièrement, je ne demande point que vous lui disiez quelque chose en ma faveur; faites seulement marcher la Persuasion, votre compagne fidèle, & ce petit amour aîlé qui ne vous abandonne point : que je trouve grace devant les histrions & les laïs, dont l'insolente ignorance n'a plus de bornes; que ma pièce soit jouée & applaudie, afin que seulement deux ou trois de mes confrères en crevent de dépit. O Fortune ! vous présidez plus que toute autre déesse aux représentations nouvelles; faites luire sur ma tête, dans ce jour terrible, la bénigne influence de votre étoile.

Un autre : je suis arrivé, ô déesse ! des rives de la Garonne, dans la ville du monde la plus florissante, celle où l'on s'intrigue le plus, où l'on s'agite davantage, où l'on emploie toutes sortes de moyens pour s'avancer & s'enrichir, où regnent les vices les plus éclatans, &, ce qui est plus aimable encore, l'art de les faire chérir ou estimer. J'ai eu toute l'effronterie possible; j'ai menti comme on ne ment pas; j'ai incessamment parlé de moi, j'ai relevé mon frêle mérite avec toute l'adresse imaginable; hélas! je n'ai point réussi. O déesse! n'est-il plus de sots, n'est-il plus de dupes dans cette ville immense? & s'il y a quelques gens sensés qui devinent les fripons au premier coup-d'œil, par quelle fatalité les ai-je rencontrés? Je serai donc le premier de ma race & de mon pays, à qui l'impudence n'aura servi de rien?

Un autre encore : mon protecteur me promène

& me joue depuis quinze ans, ô sourde déesse! Je le méprise: mais je ne manque pas une seule audience où je le loue en face; je me charge des commissions les plus affligeantes & les plus onéreuses; je lui dédie mes livres; je mange à sa table tant qu'il y a un couvert de reste; je me fais aussi petit qu'il s'imagine être grand: que faire donc? Je n'ai ni femme, ni fille, ni sœur, ni nièce, ni cousine: ô déesse! tire une parente de ma côte, & que le barbare s'attendrisse.

Le dernier disoit: je voudrois échanger mon honneur, mon nom & ma probité, contre un peu d'argent; & je ne trouve personne pour m'en débarrasser. Ma foi, si cela continue, je serai obligé de garder mon nom, mon honneur & ma probité.

Tous ces placets, que soulevoient tant de mains suppliantes, étoient tous aussi fous, aussi bas, aussi extravagans; ils contenoient des plaintes outrées, des vœux chimériques, des projets bisarres. Tout-à-coup un homme, surchargé de dorure, dit en se retirant de la foule: messieurs les mal-adroits, écoutez; j'ai fait mes affaires, suivez-moi; soyez mes humbles complaisans. Je tiens table ouverte, parce que cela m'amuse; quiconque voudra venir manger sera bien venu, soit qu'il m'amuse, soit même qu'il ne m'amuse pas; entendez-vous? Aussitôt le personnage fut entouré; curieux, je suivis

Songe VIII.

la foule, & nous entrâmes chez Mirmon. C'étoit un palais où le goût le diſputoit à la magnificence; le travail des ameublemens étoit exquis, & le luxe y étoit recherché. D'un côté, le génie déployoit ſur la toile ce qu'il y a de plus majeſtueux & de plus tendre; de l'autre, le groteſque étaloit ſes bambochades & ſes autres inventions modernes. Le nombre des eſclaves égaloit les caprices du maître : pour lui, enivré de ſon opulence, il ſe regardoit comme un des premiers citoyens; il rappeloit ſouvent l'obſcurité de ſon origine; mais, qui le croiroit! par un ſentiment d'orgueil. Quel chemin j'ai fait! diſoit-il; cela n'arrive qu'à ceux qui, comme moi, ont le talent de s'élever. Les ſots demeurent l'œil étonné, la bouche beante; l'homme qui connoît le local, perce & rompt toutes les digues. On l'envie, & c'eſt un dommage qu'on rend à ſon adreſſe. Un flatteur paraſite lui répondoit : dans tous les lieux on ne vante que votre bon goût, l'arrangement de votre maiſon, la délicateſſe de votre table; tout le monde applaudit aux talens ſupérieurs qui vous diſtinguent du reſte des mortels; & c'eſt à vous de jouir de cette fortune qui, en ſoulevant le coin de ſon bandeau, vous a aperçu dans la foule, & a récompenſé votre prodigieux mérite.

A table, enflé des louanges qu'il recevoit, il parloit de tout, & ſe piquoit, non-ſeulement d'aimer paſſionnément les beaux arts, mais encore de s'y connoître. J'y aurois infailliblement excellé, ſi je m'y étois appliqué, diſoit-il d'un ton preſque convaincant; mais j'ai choiſi le parti ſolide, & je n'ai point lieu de m'en repentir. Actuellement je puis m'ouvrir une autre carrière; quand on a ſu prendre les voies les plus fines, les plus ingénieuſes pour s'enrichir, on n'eſt pas, je crois, mal-habile à trouver les routes du Parnaſſe. D'une voix unanime, chacun lui proteſtoit qu'il ne tenoit qu'à lui d'être poëte, muſicien, peintre, graveur, architecte, traducteur, comédien, enfin tout ce qu'il voudroit être, auſſi parfaitement qu'il avoit été excellent monopoleur.

Je ſortis, & guidé une ſeconde fois par une invincible curioſité, je rentrai dans le temple; mais je m'arrêtai ſous le portique, ne voulant obſerver que de loin le tumulte effroyable que faiſoient les intéreſſés. J'aperçus un homme d'un extérieur ſimple, d'un port noble & ouvert; il ne ſongeoit pas à ſe mêler parmi la foule: au contraire, appuyé ſur une colonne, il regardoit d'un œil triſte ces combats odieux; il diſoit en ſoupirant, & par intervalles: Quelle race mépriſable! quelle multitude dévouée au plus vil eſclavage! Ces malheureux ne connoiſſent d'autre divinité que la Fortune. Voyez cet empreſſement, ces paſſions furieuſes; elles n'ont jamais été ſi

SONGE VIII.

vives pour la gloire ou pour la vertu. On voit jusqu'aux ministres des autels abandonner leurs demeures tranquilles, & les philosophes les hautes spéculations de leur cabinet; on n'a que du mépris pour la sagesse; on préfère les richesses au mérite & aux talens. Tout décroît, tout s'efface, tout annonce une ruine prochaine. Les ames n'ont ni force, ni assiette, ni vigueur; la vie morale des états dépérit & s'éteint. Le pontife du temple de la Fortune, le front orné de sa tiare, qui se promenoit alors, entendit ces mots. Il étoit superbement vêtu, ses doigts étoient chargés de bagues, ses habits étoient couverts de diamans. Il répondit à l'inconnu avec ce ton léger qui convenoit à son extérieur: C'est bien dommage, monsieur le frondeur, mais cela est ainsi; les hommes sont ridicules, extravagans, foibles, malheureux; ils sont nés tels. Considérez l'homme en détail; son entendement est obscurci par mille erreurs; il commence à se tromper dès qu'il commence à penser; pourquoi? Parce qu'il a trouvé l'ordre naturel des choses renversé. Le gage de tous les biens s'est trouvé fixé dans un métal jaune; il le poursuivit avidement comme l'échange de tous les plaisirs; l'homme veut être absolument heureux; il ne sait point, selon vous, en quoi consiste le bonheur: d'accord; il l'a bonnement placé à embellir sa retraite, à y répandre

l'abondance & toutes les commodités de la vie, à jouir de toutes les senfations que lui apporte en foule la nature obéiffante au pouvoir de l'or. Il eft déraifonnable de penfer ainfi, je l'avoue; il a tort d'être fenfible & d'aimer la volupté: plaignons-le de ce goût infortuné. — Quoi! reprit l'autre, peu de chofe lui fuffira; fes befoins feront bornés; il n'aura qu'un eftomac & qu'un inftant à vivre, & il ne pourra connoître la modération, la tempérance, l'équité; il obéira à toutes les fenfations capricieufes que lui dicteront les faillies d'une imagination enflammée; il facrifiera, s'il le faut, l'univers entier pour le chatouillement agréable d'une fibre? Non, une injuftice fi criante & fi cruelle ne peut être autorifée que par ceux qui en font les complices. Si mon bras ne peut abattre ces coloffes d'orgueil & d'inhumanité, ma voix les maudira. Miférable Fortune, foit maudite à jamais! — Elle eft au-deffus du murmure des hommes, répondit paifiblement le pontife; il faut que le reffort qui fait mouvoir le monde moral, ait tout le jeu d'où dépendent fa force, fa durée & fon éclat. Il faut que la fociété, qui n'eft qu'une fermentation perpétuelle, pour ne pas tomber dans un état d'inertie, éprouve cette fecouffe vive qui fe communique à fes membres & leur procure la chaleur & la vie. Cette inégalité, qui vous femble monftrueufe, eft le principe actif des êtres; ce font
les

SONGE VIII.

les plus viles passions qui fécondent le riche tableau de l'univers. Parmi les combinaisons infinies d'êtres qui existent, il en doit exister de toutes les sortes. L'animal hideux, boursoufflé d'un venin livide, occupe sa place, & dans la fange ne sauroit être l'aigle fier qui s'élève dans la pure région des airs. — Vous ne me prouverez jamais qu'il faille que des millions d'hommes rampent dans l'obscure misère, pour nourrir le luxe scandaleux des favoris de votre indigne déesse. Cœurs barbares & aveuglés, qui ne jouissent pas même de ce qu'ils ravissent à l'indigence, ces hommes cruels ne se réconcilieront jamais avec l'auguste morale, avec cette morale touchante, éternelle, qui dans tous les tems les condamnera & vengera les torts faits à la foiblesse par ces tyrans qui demain vont rentrer dans la poudre & dans l'ignominie. Mais, si l'or & l'argent sont en effet la source du bonheur, pourquoi ne sont-ils pas la récompense du bon esprit, de la vertu, de l'honneur, de la probité ? Pourquoi la pauvreté & l'obscurité sont-elles le partage des gens de bien & de mérite ? — Eh ! d'après votre aveu, n'ont-ils pas reçu des dons plus précieux ? Peuvent-ils, doivent-ils tout avoir ? Et dans l'état actuel des choses, n'êtes-vous pas heureux que des hommes avides courent les mers & s'exposent à des périls sans nombre, pour enrichir la patrie des trésors d'un nouveau monde ? Ne jouissez-vous pas vous-

K

même d'une portion de ces biens ? n'en jouissez-vous pas autant qu'eux ? Ils ont des morceaux d'or; mais avez-vous compté toutes les peines qu'ils ont essuyées ? Sans un aveuglement surnaturel, auroient-ils fait un pas, se seroient-ils fatigués dans l'espoir incertain de se reposer ? Un Criton se charge de l'approvisionnement de nos magasins en tems de guerre; il se dévoue volontairement à l'indignation publique, pour le plaisir d'élever un palais. L'autre se rend monopoleur, prend en main tous les deniers publics, s'en rend dépositaire, au risque de voir le glaive de Thémis s'appesantir un jour sur sa tête; & tous ces soins, ces embarras sont pour se procurer une opulence enviée, méprisée, & trop souvent dangereuse. Je crois qu'un philosophe devroit encore les remercier : car enfin, dans une situation extrême, l'état a eu grand besoin de leur activité; l'état étoit perdu, sans doute, s'il n'y avoit eu alors que des gens paisibles & modérés. Otez les moyens de fortune, le patriotisme est un mot vide de sens; l'émulation & l'industrie cesseront entièrement. L'opulence entre donc dans l'ordre politique, qui lui-même est une nuance de l'ordre universel. La carrière est ouverte à tous, & les efforts hardis sont presque toujours couronnés. Ces excès seront condamnables dans la théorie d'un empire parfaitement policé : mais où existe-t-il ? Remue-t-on la matière morte sans levier ? Les nations n'ont-elles pas besoin d'un levain qui, poison par lui-même, étend leur sphère, sert à la circulation, leur donne une sorte de vie & de mouvement? Et si le bien qu'il produit est mélangé de mal, quel est l'ordre des choses où ces élémens opposés ne se rencontrent pas? Au figuré comme au physique, rien ne prépare plus la corruption des choses que cet état paisible qu'on nomme égalité, & qui annonce la mort de la république. — Vous avez des idées & des raisons de gouvernement & de police que je n'ai pas : mais je connois quelque chose d'antérieur aux gouvernemens; c'est la justice, l'honneur, la probité : car, vous l'avouerez, la cupidité rompt aisément les liens que ces vertus imposent aux hommes, & l'exemple de ceux qui se plongent dans le luxe sera contagieux. Que deviendront alors ces appuis sacrés du genre humain? — Ces vertus brilleront d'un nouvel éclat; quand il n'y auroit que la foule des mécontens pour les admirer. — L'inhumaine avarice plaisante quelquefois, mais toujours bassement. S'il est permis de se procurer le nécessaire, autant est-on vil & coupable en recherchant le superflu, si ce n'est pour le répandre aussitôt. En causant la misère des peuples, on se rend digne de leur mépris. Il ne faut qu'écouter la voix de la nation, pour entendre son arrêt. Le premier devoir de l'homme est de reconnoître les bornes qu'il doit assigner à ses desirs. — Les impulsions du cœur humain sont comme celles de la nature elles sont fortes & rapides; & pour mieux frapper le but, elles le passent quelquefois. Foible & risible vertu, raison encore plus foible! vous n'avez jamais eu la force de résister à l'appas séduisant des richesses: à leur approche votre faste tombe, les desirs reprennent leurs cours avec plus de véhémence: ils avoient été suspendus, parce que rien ne déterminoit leur pente; mais il étoit contre leur nature de remonter vers leur source: d'ailleurs, la cupidité réciproque des hommes leur sert mutuellement de poids & d'équilibre; & s'il est rompu, il ne tarde guère à se réparer. Tous les mortels sont égaux aux yeux de la Fortune; voilà pourquoi elle distribue au hasard ses bienfaits. De deux hommes courageux, l'un monte sur le trône, l'autre sur l'échafaud: elle les voit du même œil régner ou mourir dans les tortures. Si les hommes vertueux, si les hommes de génie la recherchoient, elle récompenseroit sans doute leur assiduité; mais il faut toujours un peu mériter la Fortune, & il est plus doux de s'emporter contr'elle, que de ployer sous cette déesse qui, reine du genre humain, a le droit de le traiter à son gré. — Quoi! vous ne connoissez pas même la fierté attachée à la vertu? Sachez qu'elle ne sait rien demander; que solliciter avec éclat est un avilissement qui l'outrage. Contente de sa médiocrité, elle ne vient point grossir une jour profane; son bonheur est dans l'accomplissement de ses devoirs; ils lui sont plus chers que toutes les richesses qu'elle pourroit acquérir; elle connoît cette paix qui accompagne la modération des desirs; elle sait jouir, mais elle sait aussi supporter la privation sans murmurer. Si les récompenses que la Fortune accorde étoient proportionnées au tems qu'on a employé, aux soins qu'on s'est donnés, & surtout aux vrais services rendus à la patrie, alors je serois le premier à fléchir le genou devant cette divinité juste. — Je vois que des idées d'une perfection chimérique vous dominent : la nature, je le répète, nous donne des desirs sans bornes. — C'est à nous, s'il est vrai, de rectifier les désordres de la nature. — Eh ! le pouvons-nous ? — Je le crois. — Mais, du moins, la Fortune n'est-elle pas un moyen pour obliger, & à ce seul titre ne devroit-elle pas être chère au philosophe ? — Celui qui ne sait obliger qu'avec de l'or, n'obligera jamais : les mortels les plus indigens sont ceux qui rendent à leurs semblables les plus grands services. Le cœur s'endurcit dès qu'il se voit indépendant des calamités générales : c'est un homme dans le port, qui contemple un vaisseau battu par l'orage; ce n'est pour lui qu'un spectacle. Je veux être pauvre par goût, pour conserver plus sûrement ma sensibilité & ma vertu. — Je vois que nous ne nous entendrons pas. — Je le vois avec douleur. Insensés mortels! reprit le sage d'un ton élevé, est-il possible que vous ne puissiez rien tirer de votre propre fond, rien trouver dans votre pensée, dans la fermeté de votre ame, dans votre amour pour la vertu, de quoi vous rendre heureux? Le bonheur est en nous, dans des actions bonnes, légitimes, que notre cœur avoue avec complaisance. Faut-il que vous vous adressiez sans cesse à cette déesse volage, changeante, capricieuse, qui gouverne en despote aveugle, & qui ne vous caresse que pour vous précipiter dans les abymes de la folie & de l'imprudence! .... A ces mots, le pontife sourit, & lui prenant la main, il voulut lui mettre au doigt un diamant d'un prix très-considérable. Le sage retira sa main sans courroux, & souriant à son tour, il dit : que prétendez-vous faire? C'est pour les enfans que ces bagatelles sont faites : amusez-les avec des diamans, des pierres bigarrées, des rubans de diverses couleurs; il faut les distraire pour les empêcher de jeter un œil sérieux sur cette valeur imaginaire qui les éblouit & les trompe. C'est bien de l'or & de l'argent dont j'ai besoin! Vertus fières! courage d'esprit inébranlable! étude profonde qui transportez la vie de l'homme dans la pensée! venez à moi, remplissez mon ame; que je mette à profit cet instant qui m'est donné, & qui s'écoule dans la profondeur de l'éternité! qu'il ne soit pas perdu pour moi! que je vive tout entier!

SONGE VIII.

que je me plonge dans ces idées justes, élevées, propres à fortifier l'ame contre les malheurs inévitables de la vie! Tels sont les trésors qui seuls ont quelque prix, & que je brûle d'acquérir. Cependant, pour reconnoître le bien que vous me vouliez, marchez sur mes pas, & que je vous montre à mon tour le séjour où je préside.

Je les suivis tout ému. Le ton, la démarche, le courroux noble de ce sage m'avoient frappé; il nous introduisit dans un temple majestueux, tout éclatant de lumière. On n'y voyoit point de foule; le marbre vivifié présentoit de toutes parts les statues de plusieurs grands hommes; elles portoient le caractère & le feu de leurs ames. L'expression étoit inimitable; le ciseau avoit donné le mouvement; ils avoient été peu connus pendant leur vie, à leur mort le cri de l'admiration avoit fait voler leur nom sous ces voûtes augustes; une multitude de lampes descendoit de ce nouvel empyrée, & la clarté qu'elles répandent ne doit jamais finir. Au milieu, je vis un corps immense, formé d'une substance purement aérienne; c'étoit l'image de la postérité reconnoissante. Elle étoit à genoux devant un diadème, un bâton de commandant & un livre. C'étoit la couronne de Henri, le sceptre de Turenne, & l'esprit des loix. A sa droite étoit le buste de Socrate, en face celui de Richardson. Là, se promenoient les Solon, les Epaminondas, les deux Brutus, avec les Fabius, les Scipion, les Caton, les Antonin. Là, sont les héros qui ont eu la véritable grandeur d'ame, les écrivains illustres, les sages de tous les tems; leur extérieur simple & leur air modeste annonçoient la simplicité & la candeur de leurs ames; ils disoient à la Postérité: Déesse, nous n'avons jamais cherché vos louanges, nous n'avons jamais desiré vos présens. La plus pure récompense de nos actions a été dans le plaisir que nous avons goûté à les faire. Pour suivre la vertu, l'on n'a besoin que de l'amour de la vertu même.

La Postérité répondoit: vous vivrez éternellement, vous, mes vrais amis; je veux que tous les humains vous connoissent & vous respectent. Mon plus grand plaisir sera de divulguer vos vertus: arrachés pour toujours au sommeil léthargique de la mort, les filles de mémoire célébreront vos grandes actions. Aussitôt une céleste harmonie se fit entendre; elle s'éleva lentement dans les airs, & par une gradation bien ménagée, elle frappa la voûte sonore du temple, & de-là se répandit dans l'univers. Il n'est point d'oreille qui ne soit enchantée d'un si beau concert. Je sentis l'ivresse délicieuse que les muses font couler dans les cœurs sensibles. Ah! je suis dans le temple de la gloire, m'écriai-je; je ne vois ici ni conquérans ni ambitieux, ni tous les fleaux de la guerre, que la crainte a déifiés; je vois les vertus éminentes, les talens extraordinaires, qui font le charme & la consolation du genre humain. Qelles sont viles les inclinations de ceux qui méprisent la gloire!

Plus ces grands hommes avoient été maltraités de la Fortune, plus ils répandoient d'éclat. Le Tasse & Milton, couronnés des mêmes lauriers, rioient des coups impuissans que leur avoit porté le sort; ils fouloient aux pieds la face ignoble de leurs Zoïles. Le pontife du temple de la Fortune baissoit un œil confus. Ces fronts rayonnans avoient sur les cœurs une autorité si douce, si naturelle & si puissante, ils attiroient tellement le respect & l'amour, que les cœurs les plus vicieux redoutoient leur mépris. Le sage éleva sa voix qui retentissoit avec majesté sous ces voûtes élevées, & dit: La gloire ne naît point de l'orgueil, de l'ambition, du faste, de la puissance ou de l'intrigue; si l'on se prosterne devant l'idole du pouvoir, les démonstrations de ce respect sont passagères & forcées; il faut des vertus distinguées, il faut des talens reconnus, pour obtenir ce suffrage public, qui récompense dignement; c'est lui qui acquitte la dette que l'homme ne peut plus payer. La gloire ne consiste point à éterniser des syllabes, mais à laisser un grand exemple. Elle se dérobe aux poursuites empressées, & elle se plaît à couronner l'homme simple & modeste, qui chaque jour a développé ses vertus avec la chaîne de ses devoirs. Vous retrouvez ici ce brave & généreux Phocion qui, après avoir commandé des armées nombreuses, vit la vieillesse & l'indigence le saisir sous ses lauriers. Il mourut pauvre, il mourut abandonné : quelle fin plus glorieuse ! Vous voyez encore cet Aristide, cet homme juste par excellence ; il suivit constamment ses devoirs, il fut banni ; il ne se prêta point aux caprices du peuple, aux séductions des magistrats. Le sort réservé à la vertu l'attendoit. Contemplez Catinat, son héroïsme guerrier, sa philosophie tranquille ; il disoit dans sa retraite : j'ai servi ma patrie avec zèle & courage ; dès qu'elle a jugé que mes services lui étoient inutiles, j'ai commencé à vivre pour moi-même ; les vœux les plus ardens de mon cœur seront toujours pour elle. Ce grand homme, dans sa disgrace inespérée, n'avoit rien à se reprocher. Ses ennemis, qui ne savoient agir que par des voies détournées, triomphoient de son obscurité ; il leur opposoit sa vertu, & cette égalité d'ame, que la vertu seule peut inspirer. Plus bas, vous voyez ce Fénelon, qui dans le séjour de la haine, dans le tourbillon des passions fougueuses, regagna par la modération cette paix que la fureur jalouse voulut lui faire perdre. Tels sont les hommes qui méritent l'admiration des siecles. On voudra leur ressembler : ils serviront de modèle, ils formeront de grandes ames qui ne sont pas encore nées.

Maintenant, que les Lucullus, que les Crassus, que les monopoleurs jouissent de leur fortune; qu'ils rassemblent autour d'eux toutes les voluptés sensuelles que procurent les richesses; que la foule des plaisirs ne les abandonne jamais ; qu'ils aient l'aisance, l'agréable, & même le superflu. j'y consens ; tel est leur lot. Personne de bien né n'envira, je crois, leur coupable opulence. Mais aussi qu'une barriere éternelle les sépare de ceux qui ont eu l'honneur pour perspective, pour aliment & pour but de leurs travaux; qu'ils ne se trouvent jamais sur la même ligne avec le magistrat qui veille à la conservation des loix, avec le guerrier dont le moindre effort est de braver la mort, avec l'écrivain illustre qui ajoute aux pensées de son siecle & à celles du genre humain. Eh! quelle seroit la récompense des vertus désintéressées, patriotiques, si la même monnoie payoit l'homme vénal & le héros ? Que la tache imprimée sur les mains qui levent les impôts publics ne puisse être effacée par des fleuves d'or; que les distinctions honorables ne leur appartiennent jamais; qu'elles jouissent de tout , excepté de l'apanage des grands hommes.

Le pontife de la Fortune, humilié, vaincu, sentoit dans ces paroles une force à laquelle il ne pouvoit répondre. — Quels sont donc les plaisirs attachés à cette gloire que vous vantez tant ? — C'est le secret des grandes ames, répondit le pontife du temple de la Gloire; ceux qui l'adorent sont heureux par elle: la Fortune s'épuise & s'affoiblit en se partageant; la Gloire est un patrimoine aussi étendu qu'il est inépuisable; la couronne d'un vainqueur ne fait aucun tort aux palmes que moissonne un autre vainqueur. Il est sur la terre des hommes dont le nom flatte mon oreille; je les attends ici, pour les recevoir, les embrasser, & étendre avec eux l'empire de la pensée, de la raison, de la vertu. A ces mots, un feu divin s'alluma dans ses yeux: je le fixai plus attentivement; quel étrange contraste m'offrirent ces deux personnages si opposés! Le pontife du temple de la Fortune étoit Bourvalais; celui du temple de la Gloire étoit Corneille.

MAHOMET,
SONGE IX.

J'étois au bord de la mer, & je me plaisois à considérer ces montagnes écumeuses & mugissantes qui viennent se briser sur un grain de sable; elles accourent avec impétuosité comme pour dévorer la terre; elles reculent devant le doigt qui semble avoir écrit sur la limite inaperçue: » Tu » n'iras pas plus loin ».

Une huître étoit restée à sec à demi-pied de l'eau : la vague blanchissante & courroucée ne pouvoit la recouvrir. Elle s'entr'ouvroit tranquillement au soleil, comme pour s'abreuver de ses rayons. J'aperçus dedans quelque chose qui brilloit; j'achevai de l'ouvrir, & je vis que ce qui avoit frappé ma vue de son éclat étoit une petite sonnette d'or; le battant étoit une perle, & la perle étoit couverte de caractères extrêmement fins. Je pris une forte loupe pour les déchiffrer, & je lus avec étonnement ces mots : » Tu pourras » évoquer de la région des morts l'ombre que » tu voudras ». Je m'écriai : Graces soient rendues à l'auteur de ce don! & j'agitai la sonnette.

Tout-à-coup le spectacle le plus éblouissant

frappa mes yeux : un rayon immense du soleil descendoit en droite ligne depuis l'orbe de cet astre jusqu'à mes pieds ; & un ange glissant avec rapidité sur cette échelle radieuse, & effaçant ses plus vives couleurs, se présenta devant moi.

Je me prosternai, me cachant le visage avec les mains; mais une voix douce & majestueuse m'appela, je levai la tête, & je ne vis plus qu'un beau jeune homme. Ses cheveux blonds étoient noués avec grace; un bandeau couleur d'azur lui ceignoit le front; sa robe, d'une blancheur éblouissante, se retroussoit avec une ceinture d'or. L'Ancien des tems, me dit-il, celui qui a pésé l'Océan dans le creux de sa main, daigne m'envoyer vers toi, & il satisfera à tes demandes.

Aussitôt un temple en rotonde & tout d'albâtre fut édifié en un clin-d'œil autour de moi; j'entendis une voix qui me cria : « nomme donc parmi les » enfans des hommes, & qui attendent la splen- » deur du jour éternel, nomme celui que tu veux » voir ». Plusieurs noms se pressèrent en foule dans ma mémoire : Sésostris, Abraham, Alexandre, César, Charlemagne, Cromwell, &c., lorque dans le trouble où j'étois, je nommai tout haut Mahomet! Je voulois dire.......

Son ombre sortit du pavé du temple, & je contemplai à loisir le fondateur de la religion & de la puissance musulmane, le vainqueur de la Mecque

& de l'Arabie, l'époux fortuné de tant de belles femmes. Il avoit un air d'autorité, une physionomie auguste, des yeux perçans. « Pourquoi, lui » dis-je, t'es-tu érigé en prophète? Pourquoi » as-tu trompé les hommes » ? Mahomet me jeta un regard, & je fus atterré de sa grandeur. Il garda le silence; mais son silence étoit celui de la majesté & du mépris. Il portoit sous son bras un livre, & sous son pied fouloit un glaive, comme s'il eût rougi de l'avoir employé. Mais son livre lui étoit cher: il s'en échappoit un rayon lumineux, & je sentis que ce livre étoit plein du Dieu dont il annonçoit si dignement la puissance & la gloire.

Je repris : « pourquoi as-tu abusé de la crédulité » de tes concitoyens ? Pourquoi as-tu feint des » révélations » ? En parlant ainsi, j'étois près d'une haute colonne de marbre jaspé, & de cette colonne sortit une voix invisible qui proféra ces mots:

N'accuse point un grand homme révéré d'une partie du monde, & qui a détruit l'idolâtrie. Sais-tu lire ce qu'il a écrit? La calomnie poétique est montée sur le théâtre d'une nation, elle a chargé son personnage de crimes imaginaires; mais peut-elle combattre le respect universel des peuples, & leur antique reconnoissance? Ces préceptes encore vivans & répandus sur une vaste surface du globe, étoient fondés sur de grandes lumières. Oui, tel législateur sentant bien que l'homme rejeteroit toujours l'autorité de l'homme, son semblable & son égal, a fait descendre du ciel les ordres qu'il vouloit intimer à la terre. Garde-toi de l'en blâmer; garde-toi de l'appeler fourbe, imposteur, parce qu'il y a des loix sages & utiles qui sont l'expression de la volonté divine, parce qu'on ne porte aucun préjudice à l'homme quand on lui persuade ses véritables devoirs, parce que le monde entier, offrant la conviction d'un pouvoir qui a établi les loix morales ainsi que les loix physiques, le grand homme se rend le héraut, l'interprète éclairé de ces loix divines; il les révèle d'un ton relatif à leur majesté; il donne une base religieuse à la police civile, base sacrée & nécessaire; son droit est dans la noblesse & dans la pureté de sa cause.

Si les anciens législateurs ont mêlé des fables & des rêveries à des vérités importantes & sublimes, c'étoit peut-être le seul moyen de faire passer celles-ci. Les tems, les circonstances, l'esprit humain, toujours amoureux du merveilleux, tout a pu forcer le législateur à amalgamer le culte & la morale: l'un étoit le corps, & susceptible d'être modifié sans danger; l'autre étoit l'ame de sa police.

Rangerez-vous donc, petits observateurs à vue myope, rangerez-vous ingratement parmi les imposteurs plusieurs bienfaiteurs éclairés du genre humain, parce qu'ils ont compati à ses foiblesses, & qu'ils lui ont laissé quelques erreurs inévitables,

pour

SONGE IX.

pour mieux leur faire adopter de nouvelles lumières & de nouvelles vertus?

Ces erreurs n'étoient pas leur propre ouvrage, mais bien avant eux l'œuvre confuse d'une multitude aveugle : une religion purement métaphysique n'auroit pas été entendue alors, & ne le seroit pas davantage aujourd'hui.

Soyez plus justes, foibles humains; rendez graces à ceux qui les premiers ont enseigné l'idée de la Divinité, laquelle observe toutes nos actions, & qui doit les punir ou les récompenser; qui ont institué les fêtes, lesquelles réunissent les hommes; qui leur ont défendu le meurtre, le vol & l'injustice; qui ont enseigné l'immortalité de l'ame, dogme sublime & consolateur; qui ont établi la sépulture des morts; qui ont recommandé la charité, le respect pour les parens, la foi des sermens, & une subordination légitime; qui ont fait chérir ces préceptes; qui ont tracé enfin le code moral, auquel de nos jours nous ne pouvons rien ajouter, & qui plus que les autres sciences porte l'empreinte de l'unité; image de la volonté éternelle.

Il seroit difficile, même de nos jours, de décider jusqu'à quel point un homme qui voudroit faire passer ses opinions dans l'esprit d'un peuple neuf, pourroit se servir du ressort de l'enthousiasme & du merveilleux. Le chemin seroit long & incertain, s'il vouloit procéder par les moyens de conviction;

L

mais s'il frappoit fortement l'imagination, il causeroit tout-à-coup une révolution utile. Et, dis-moi, qui ne pardonneroit aujourd'hui quelque supercherie innocente au législateur moderne qui auroit réussi à faire adopter à un peuple ignorant, superstitieux & barbare, des loix sages, raisonnables & bienfaisantes?......

La voix se tut. Mahomet toujours muet, immobile, le dédain gravé sur le front, me fit un signe de supériorité & rentra en terre avec une majesté tranquille. Aussitôt le temple avec son dôme s'écroula sur ma tête.

Je m'éveillai, me proposant d'envoyer au docteur Lavater, mon voisin & grand physionomiste, la silhouette du prophète armé, de l'auteur du Coran. Les grands hommes anciennement étoient auteurs & par fois souverains. O mes confrères, le bon tems!

SÉMIRAMIS,
SONGE X.

JE rêvois que j'étois devenu antiquaire, & que j'avois formé l'un des plus beaux cabinets de l'Europe. J'avois donné surtout dans les momies, & je les achetois de tous côtés.

J'avois appris à distinguer les vraies momies d'Egypte des contrefaçons que les juifs font de ces squelettes pour attraper les Européens: en mâchant un petit morceau de la momie, j'étois parvenu à distinguer le squelette Egyptien du squelette d'un pendu mis au four par ces contrefacteurs, puis embaumé, puis couvert de bandelettes & d'hiéroglyphes, puis vendu par ces adroits fripons qui se moquent des profonds savans.

Je n'étois pas dupe de ces imposteurs; je reconnoissois presque, à la forme de la tête, ces anciens Egyptiens aromatisés par un secret particulier, & qui ont été jaloux de nous transmettre leurs figures desséchées.

Ils étoient rangés dans mon cabinet, & je me réjouissois en disant: Tout cela parloit il y a trois mille ans; ils ne se doutoient guere qu'ils sortiroient des catacombes qui se trouvent près du

Grand-Caire, pour voyager en Europe, & venir à Paris satisfaire ma curiosité. Me voilà environné de gens morts & non enterrés, qui ne soupçonnoient pas que leurs corps m'appartiendroient un jour en toute propriété. Cette idée me plaisoit, & je me promenois au milieu de ces corps embaumés qui n'avoient plus de noms, & auxquels je prêtois ceux qui plaisoient à mon imagination.

Faisant la revue un jour de mes richesses antiques & noires, je pris la tête d'une momie & la considérai attentivement. Qui es-tu, lui disois-je tout bas, qui es-tu ? Tout-à-coup la tête fit un mouvement entre mes mains & dit : Je suis Sémiramis. — Toi ? As-tu été belle ? — Oui, j'appaisai une sédition en me montrant le sein nu & les cheveux épars. — As-tu bâti ces superbes jardins si vantés ? — J'ai fait construire Babylone ; j'ai bâti avec magnificence sur le Tigre & sur l'Euphrate. — Tu as fait des choses vraiment extraordinaires ! J'ai régné comme un grand homme ; j'en ai réuni les talens & le courage. — Et vos expéditions militaires ? — J'ai fait plusieurs conquêtes dans l'Ethiopie ; j'ai pénétré dans les Indes. — Vous aimiez la gloire, madame, avec passion ? — J'étois née pour elle. — Et ces foiblesses dont parle l'histoire ? — Qu'importe ? Les devoirs de l'empire n'en ont pas souffert ; j'ai rendu l'Assyrie heureuse ; j'ai mérité les honneurs de l'Apothéose.

SONGE X.

— Toutes vos idées étoient élevées, madame; je vous respecte beaucoup: mais quelque chose me chagrine, vous étiez despote. — Une femme est très-bien assise sur un trône despotique. — Pourquoi, madame? — Parce que la dureté de ce gouvernement est toujours adoucie par la pitié naturelle à mon sexe, & par l'ascendant que le ciel a voulu donner aux femmes. L'orgueil rougit moins de s'humilier devant elles ; puis j'aimois les arts & ceux qui les cultivoient ; ils n'étoient point assimilés au reste de mes sujets. — Mais, madame, avez-vous refusé de remettre à votre fils Ninias le sceptre dont vous n'étiez que dépositaire ? — Le sceptre que je portois n'étoit point un dépôt. — Mais encore, oserai-je vous le demander ? avez-vous en effet mis à mort votre époux Ninus ? — Non. — L'histoire le dit. — L'histoire ment. — Mais M. de Voltaire a fait une tragédie là-dessus, & vous donne des remords. — Les tragédies sont des romans. — Et la voix de l'univers qui vous accuse ? — L'univers sera désabusé. — Et quand ? — Quand le jour nécessaire pour la vérité sera venu. A ces mots, la tête devint plus pesante; elle s'échappa de mes mains, & retomba dans son coffre.

L'HOMME DE FER,

SONGE XI.

Rendormons-nous.

I.

JE rêvois que, parcourant à pied les montagnes de la Suisse, je découvris au milieu d'une chaîne de rochers fort élevés, & bordés de précipices, un antre tapissé d'une verdure noirâtre. Je ne sais quelle curiosité, qui me tourmente la nuit comme le jour, me dit d'y entrer.

Je grimpai avec effort vers un endroit roide & escarpé, en m'aidant des pieds & des mains, & je vis que quelqu'un avoit été aussi curieux & aussi hardi que moi; car on avoit attaché un crampon de fer & une grosse poulie au rocher, qui servoit de dôme au passage de l'antre.

L'entrée en étoit difficile; je m'élevai pourtant à l'aide de la poulie & du crampon, & je me vis aussitôt sous une voûte basse & pierreuse qui formoit une longue enfilade.

Le suc qui distilloit du rocher se pétrifioit en tombant, & figuroit des colonnes, des sièges, des tables. Je m'avançai, & j'entendis dans la lointain un bruit sourd, comme celui d'un torrent qui se précipite du haut d'une colline.

Je ne me trompois point, car m'étant avancé, je vis la source d'un grand fleuve qui couloit avec impétuosité dans un espace resserré. Aussitôt une voix formidable me cria : « téméraire, qui t'a donné l'audace de venir dans ce « lieu redoutable ? Si tu veux éviter la mort, « plonge-toi dans le torrent écumeux ».

Et tout-à-coup j'aperçus un géant armé d'une lourde massue, qu'il levoit sur moi, & la voix répétoit : « plonge-toi dans le torrent écumeux ». A peine y fus-je plongé, que je sentis que tout mon corps se durcissoit par degré, & que j'étois devenu de fer des pieds à la tête.

Un être dont la grandeur & la majesté étoient au-dessus de l'humain, vêtu d'une robe d'azur, couronné d'amaranthes, me dit : « tu es la force, « cours le monde ; tu es la justice personnifiée, « agis ; je t'ai doué de ce qu'il te falloit pour en « exercer les fonctions augustes ».

Mes muscles d'acier avoient conservé leur souplesse ; mon bras d'airain étoit doué d'une force extraordinaire. D'un coup je renversois une muraille ; ma main étoit une catapulte qui lançoit au loin des traits énormes ; j'ébranlois des masses prodigieuses, & rien ne résistoit à mon impulsion, qui s'accroissoit par tout effort contraire.

II.

Quoique de fer, je sentis battre plus vivement dans ma poitrine les mouvemens de la pitié & de la commisération. Mon cœur étoit encore plus échauffé d'amour pour mes semblables ; le sentiment de l'équité y devint plus vif, & ma tête me parut illuminée d'un nouvel entendement.

Je marchois dans les rues, & voyant un homme qui en frappoit un autre, je le frappai à mon tour. Tel qui ne relevoit pas son camarade, tombé par accident, je le couchois par terre avec instante correction ; je punissois l'injure & la violence, & j'allois de tous côtés redressant l'ordre par-tout où il étoit blessé.

III.

Tous les usages absurdes, abusifs ou cruels, je les attaquois sans miséricorde, & mon bras, quoique de fer, étoit las le soir de redresser cette foule d'abus antiques. Le prélat, l'homme de cour, le valet du prince, n'obtenoient aucune faveur de ma rigide équité. Depuis le courtisan qui escamote les charges & les postes lucratifs, jusqu'à l'escroc qui vole les mouchoirs, tous recevoient en face une semonce salutaire, & quelquefois un geste expressif, si le cas l'exigeoit.

IV.

Le fripon, le fourbe & le méchant se détournoient de mon passage; mais j'avois leur signalement, & dans mon heureuse vélocité, je les saisissois pour les punir.

Je rencontrai un procureur au ventre hydropique, chargé d'un sac de papier, dont il demandoit mille louis; j'en pris un d'un volume égal, & je le fis payer à l'insatiable sangsue qui osa murmurer, & que je livrai jusqu'au solde entier à la discrétion de ses clercs affamés.

L'usurier eut aussi sa part de ma justice distributive. Du bout du doigt j'effaçai le billet du jeune dissipateur, qui avoit promis de payer le double de ce qu'il avoit reçu; & quand je rencontrois dans les rues un de ces succulens dîners que le libertinage, la prodigalité & l'hypocrisie apprêtent, je me plaisois à le faire porter dans des greniers, où des indigens sans pain, attendoient pour manger, les secours de la charité.

V.

Je vis un homme qui avoit trahi la patrie; je le fis descendre de son équipage devant son nombreux domestique, & je le marquai au front; un autre qui avoit reculé une époque heureuse par une insouciance criminelle, je lui gravai trois lettres sur la joue gauche. Le poltron recevoit un coup de pied au derrière, & le lâche, qui avoit conseillé des infamies lucratives, voyoit pendre ses deux oreilles sur ses larges épaules.

J'ouvris subitement les prisons ; tout assassin étoit mis à mort dans un instant indivisible ; je fustigeois rudement le voleur, & je l'envoyois aux travaux publics ; le calomniateur étoit puni de même.

V I.

Ma métamorphose m'avoit donné de la justesse dans l'esprit, de la droiture dans le cœur, & de la fermeté dans l'ame. J'étois le prompt redresseur des abus les plus invétérés, & j'avois conséquemment beaucoup à faire ; car ma justice étoit tout-à-la-fois rémunérative, punitive & civile.

Mais comme c'étoit souvent la loi qui faisoit le péché, j'effaçai tous ces vieux édits déjà frappés du mépris public, & que les tribunaux eux-mêmes n'osoient réveiller, de peur d'attirer sur eux le blâme universel.

V I I.

Jamais lieutenant de police, je l'assure, ne fit mieux son devoir ; mon bras élastique me tenoit lieu de soixante commis : je voyois tout par moi-même ; car mes jambes étoient aussi infatigables que mes deux bras, & je courois depuis le salon doré jusqu'à la taverne obscure. Ici, j'arrachois les cartes de la main forcenée du joueur; là, la bouteille de la bouche de l'ivrogne ; point de sentence tardive, le châtiment suivoit de près le délit ; une de mes chiquenaudes valoit les cent coups de bâtons qu'on applique à la Chine par le commandement d'un mandarin.

Mon oreille étoit douée d'une exquise sensibilité. J'entendois de trois lieues de distance quand on m'appeloit, & j'arrivois plus vîte que la maréchaussée courant au galop. Mon œil, qui lançoit l'éclair, faisoit pâlir le coupable. Il étoit à moitié puni par ce regard atterrant.

Quand je traversois les rues, je distinguois l'homme oisif qui marchoit pour consumer le tems, & je lui imposois une tâche.

Quiconque passoit étoit obligé de me regarder en face, & de me dire quel étoit son emploi. N'en avoit-il point, il étoit fustigé d'importance.

VIII.

J'APPROCHAI d'une forteresse renfermant des prisonniers qui n'étoient ni assassins, ni voleurs, ni séditieux. Je vis un homme de quarante ans, qui, livré à ses réflexions, étoit détenu dans une oisiveté profonde, & plus insupportable que tout le reste. Je lui demandai quelle en étoit la raison ; « c'est pour avoir remué le bout de la langue, me » dit-il ; ce qui n'a pas fait tomber un cheveu de » toutes les amples perruques qui ont décidé ma » captivité ». Un autre avoit remué trois doigts de la main, dont un étoit un peu noirci d'encre, ce qui n'avoit pas occasionné dans tout le royaume la chûte d'une tuile, & il étoit gardé sous trente verrouils. Je les fis sortir tous deux de leur cachot, levant les épaules de pitié de ce que l'orgueil des hommes en place, osoit attenter à la liberté des citoyens sur des prétextes aussi frivoles.

IX.

J'aperçus le palais de la Justice, j'y attachai ces vers :

> La justice est des rois le plus noble partage ;
> Elle est de leur grandeur le plus ferme soutien :
> Par elle ils sont de Dieu la véritable image,
> Et leurs autres vertus sans elle ne sont rien.

X.

Étant entré dans une maison à colonnes, je vis de petites roues & des hommes en robe & en rabats qui les environnoient. Je demandai ce que c'étoit : c'est un jeu, me dit-on, qui s'exécute devant ce qu'il y a de plus grave.

Aussitôt parurent des enfans, aux joues arrondies, qui avoient des gâteaux & grand appétit. Ils alloient les manger, lorsqu'une voix s'écria : « ne mangez point vos gâteaux, mes amis; » donnez-les moi : car pour un gâteau je vous en » rendrai quinze; pour deux, deux cent soixante-» dix; pour trois, cinq mille cinq cents; pour » quatre, soixante-quinze mille; & pour cinq, » un million de gâteaux ».

Les enfans ouvrirent de grands yeux, & répétant, un million de gâteaux! combattirent & dompterent leur appétit. Cette magnifique promesse étoit si flatteuse, qu'ils entrevirent dans ce jeu la perspective d'un goûter splendide pour le jour même, pour le lendemain & pour tous les jours de leur vie.

Ils sacrifièrent donc la jouissance du moment, & s'étant cotisés, ils donnèrent cent gâteaux. Leur regard étoit attentif au mouvement des roues, & brilloit de la plus vive espérance. Les roues tournèrent sous l'œil réfléchi & composé des graves magistrats; & il ne revint aux pauvres enfans, dressés sur la pointe de leurs pieds pour mieux voir, que quatre gâteaux; de sorte que l'impitoyable égoïsme, moteur de ces perfides roues, en avoit dévoré arithmétiquement quatre-vingt-seize.

Comme les enfans pleuroient, la voix magiſtrale, pour les conſoler, diſoit : « jouez conſtam-
» ment cinq ou ſix cent mille fois de ſuite, &
» vous aurez à coup sûr des chances heureuſes :
» jouez encore, mes petits amis, pour ce jeu-là
» on vous le permet ».

Effrayé de l'inégalité de ce jeu barbare & dangereux, je briſai toutes les roues, afin qu'il ne fût plus queſtion de cette méchante coutume, qui enlevoit aux pauvres enfans déçus par l'eſpérance, les gâteaux qu'ils auroient mangés avec un ſenſitif appétit; ce qui les auroit fait grandir pour le ſervice de la patrie. Ils reſtèrent rabougris, les jambes grêles; & les quatre-vingt-ſeize gâteaux paſsèrent ſur des tables, où étoient aſſis des gens qui touchoient les mets d'une dent ſuperbe & dédaigneuſe, qui ne ſentoient pas le beſoin de la faim, & qui donnèrent les gâteaux volés à leurs valets & à leurs chiens.

X I.

J'ALLAI à une fameuſe ſépulture où giſſoient des cadavres royaux; je dis comme l'Egyptien, « ſors, cadavre impie, que tu ſois jugé » : il ſe leva tremblant. Les peuples, les aſſiſtans qui le reconnurent, crurent qu'il étoit reſſuſcité, & pouſsèrent un long cri de douleur. Je dis à ce cadavre; « debout, entends-tu les malédictions que tu as

» méritées ? Tu ferois enfermé dans les fuperbes
» pyramydes que les Egyptiens ont bâties; tu
» ferois environné d'obélifques & de monumens
» chargés de trophées, que ta mémoire feroit
» la même. Retombe dans la mort avec l'op-
» probre qui doit accompagner ton nom. Ne don-
» nerois-tu pas préfentement toute ta grandeur
» paffée, pour une feule vertu » ? Le cadavre
pouffa un long gémiffement, & retomba dans la
mort & l'opprobre éternel.

XII.

JE devins furtout l'ennemi de ces bureaux
multipliés qui gênent & vexent le commerce,
fatiguent le voyageur & lui font maudire les belles
routes du royaume.

Je chaffai, avec une volupté rare, avec un
contentement moqueur, avec une fatisfaction inexprimable, ces commis griffonnant un papier ruineux. Je brifai leur canif plus malfaifant que le
poignard; je deffécbai leur déteftable encrier, &
il ne fut plus queftion de ces fcribes défœuvrés
& voraces, *omnes fedentes in telonio*.

Pour figne de triomphe, je donnai à manger à
quarante payfans, fur le même tapis vert ou l'on
avoit médité ces fyftèmes infidieux, fi féconds en
rapines.

Tel malheureux qui, pour une poignée de sel, ou pour une livre de tabac, avoit été traité comme un des plus grands ennemis de la société, eut du sel & du tabac, & le monarque en fut plus riche.

Les tribunaux qui avoient rendu ces étranges sentences n'existèrent plus. Je fis si bien, qu'il y eut plus d'argent dans le coffre royal, & que personne n'alla aux galères pour avoir éternué, ou pour avoir salé son pot.

XIII.

J'en voulois à d'autres commis qui font les importans, & dont le mince savoir se pavane dans une foule d'opérations équivoques.

Ils avoient tous le despotisme dans la tête & dans le cœur. Absolus dans leurs futiles idées, ils se faisoient un plaisir malin d'appesantir sur tout mérite la massue du pouvoir dont ils disposoient quelquefois pendant quelques instans. Ils auroient voulu qu'on les crût dépositaires de toutes les lumières politiques; & ils s'énorgueillissoient puérilement, lorsqu'avec des moyens énormes ils avoient opéré de très-petites choses.

Jaloux de tout ce qui n'émanoit pas de leur Minerve, il ne tenoit pas à eux qu'on ne crût leurs travaux le dernier effort d'une science profonde

fonde & myſtérieuſe ; & leur ignorance des vrais principes étoit voilée ſous un amas de mots dont ils ſe payoient eux-mêmes pour comble de ridicule & d'ineptie.

XIV.

Comme je déteſtois ces frivolités, ce luxe inſolent de quelques particuliers, dont le ſuperflu ſoudoyoit, du néceſſaire de tant d'infortunés, cette troupe d'artiſtes inutiles à toute la terre ; je mis en fuite ces petits architectes, ces peintres, ces décorateurs, &c. qui avoient mis à la mode ces cages verniſſées, ces boudoirs orduriers, ces rotondes, tous ces colifichets enfin, d'un agrément futile & véritablement faits pour ſcandaliſer les regards de tout homme ſenſé.

XV.

A la vue de ces fondemens jetés de toutes parts & en tous genres, qui attendent & attendront longtems la dernière main de l'architecte, je vis que la patience étoit la vertu la plus rare & ſurtout chez les François. La ſcience des grands hommes a toujours été d'eſtimer l'exécution des deſſins d'après leur grandeur ; & leur grandeur, d'après le tems.

Je rappelai les hommes en place à ces principes ; car les projets n'ont plus ni profondeur, ni

M

maturité, quand on veut tout précipiter, & qu'on ne fait rien donner au tems.

Et je gravai fur un marbre ; « Qui que tu fois, ne commences rien qu'avec la certitude de pouvoir le finir ; fois jaloux de finir plutôt que d'entreprendre ».

XVI.

La moindre réforme occafionnoit de la part des intéreffés les clameurs les plus fortes : l'un, fubjugué par fa pareffe, ne vouloit pas examiner la queftion. Il auroit fallu fe mettre au fait, c'eft ce qu'il ne vouloit point : l'autre avoit entendu dire à fon aïeul que toutes les nouveautés étoient dangereufes : celui-ci examinoit tout avec le télefcope de l'intérêt perfonnel (1). Alors l'ignorance, la méchanceté, l'envie, l'avarice prodiguoient à tout propos les titres de projets idéals, chimériques, & les termes de novateurs, de visionnaires n'étoient pas épargnés.

Mais mon bras d'airain remédioit à tout. Je chaffois de fa place l'homme apathique, indolent, qui ne voyoit que les revenus de fon pofte, qui

---

(1) Celui-là fait une action vertueufe qui fait un effort fur foi-même pour combattre une action qui feroit funefte à autrui, & qui renonce à un intérêt perfonnel, pour l'intérêt de fon voifin.

ne trembloit que de les perdre ; son inaction plus longtems prolongée auroit augmenté le ferment corrupteur, & tout se seroit trouvé vicié, quand sa retraite tardive auroit découvert les plaies introduites par sa négligente timidité.

XVII.

Un homme ayant dit que les créanciers de l'état n'avoient point d'autre débiteur que le Roi, & d'autre garant que sa volonté, je lui donnai un soufflet, & je m'écriai : un contrat, fait au profit de l'état & fondé sur la foi publique, doit être national & tenir à l'état qu'il a alimenté, comme les entrailles tiennent au corps humain. Qui me contredira là-dessus, sentira la force de mon bras.

XVIII.

Je distribuai en très-grand nombre les quatrains suivans ; je les mis entre les mains de tout le monde ; je les donnai aux passans avec la même profusion que certains charlatans prodiguent leurs annonces mensongères & intéressées.

L'homme a, de s'entr'aider, reçu la loi suprême.
Qui veut vivre pour soi, doit vivre pour autrui.
L'ingrat peut oublier ce qu'on a fait pour lui ;
Mais le prix du bienfait, est dans le bienfait même.

Contre la conscience il n'est point de refuge :
Elle parle en nos cœurs, rien n'étouffe sa voix,
Et de nos actions elle est, tout-à-la-fois,
La loi, l'accusateur, le témoin & le juge.

Nous tenons tout de Dieu, jusqu'à la vertu même.
Que ne devons-nous pas à cet Être suprême (1),
Qui, par l'amour du bien & de la vérité,
Daigne associer l'homme à sa divinité ?

---

(1) Je sens qu'il y a un Dieu, & je ne sens pas qu'il n'y en ait point. Je conclus que Dieu existe, parce que cette conclusion est dans ma nature. Je m'en tiens de cœur & d'esprit à la doctrine de Socrate qui a dit : « que Dieu est » unique & simple de sa nature, né de soi-même, seul » véritablement bon & non mêlé avec aucune matière, ni » conjoint à rien de passible ».

L'Être infini qui a précédé les tems, qui existe par lui-même, ne peut sortir de sa sublime grandeur pour se laisser embrasser par notre pensée. Notre pensée ne peut connoître ce qui est au-dessus d'elle ; & nous ne pouvons entrevoir Dieu que sous les traits de l'intelligence & de la sagesse, empreints sur les globes & sur l'atôme.

Froid matérialiste, qui calomnies l'homme, le vois-tu se complaire dans son état d'abjection & de misère, embrasser une volontaire ignorance ? Vois, au contraire, cette immensité de desirs qui fermentent dans son sein ; vois les traits de grandeur sur ce front qu'environne l'infortune ; vois l'élévation de sa pensée à côté de la foiblesse de son bras.

Et ce qui atteste sa sublime origine, c'est qu'il adore, c'est qu'il se prosterne devant la vertu, tandis que sa volonté pour le bien se déprave à l'appas d'une foible sensation.

Non, l'homme ne meurt point; c'est une erreur grossière,
C'est un blasphême affreux de le croire mortel;
Puisqu'un jour, affranchi de sa vile poussière,
Cet hôte inattendu doit posséder le ciel.

Te crois-tu seul, pour être solitaire?
Non. Dieu te suit, t'entend, te regarde en tous lieux.
Crains qu'en ton cœur quelque honteux mystère
N'insulte à sa présence, & ne blesse ses yeux.

Ce n'est pas à nous seuls qu'appartient notre vie;
De ces momens si courts que le ciel nous départ,
A la sainte amitié nous devons une part,
  Et le reste est à la patrie.

L'homme qui dans le silence des nuits contemple tous ces mondes roulans, la foule de ces astres semés dans l'étendue, la base, la grandeur, l'immensité de ce merveilleux édifice, toutes ces étoiles brillantes, liées à son humble rétine; peut-il s'empêcher de remonter jusqu'à la main qui a fabriqué & qui soutient ce dôme magnifique?

L'ame ne sent-elle pas le souffle de la divinité répandu dans le monde animé? Une feuille d'arbre est le séjour d'une république de petits êtres qui goûtent les plaisirs de la vie & de la reproduction. Et cette profusion d'existence accordée à cette multitude infinie d'insectes, n'est qu'une effusion de cette bonté inaltérable, qui forme le plaisir, & qui le verse dans le cœur du ver de terre, comme dans le cœur de l'homme.

Voyez l'article de *Dieu* dans mon ouvrage intitulé : *mon Bonnet de nuit*, tome 4, édition de Lausanne.

De nos biens, de nos maux, l'incertaine mesure
Est dans l'opinion plus que dans la nature.
Quel est le plus beau teint?..... Celui de la pudeur,
Qui grave sur le front l'innocence du cœur.

  Franc d'ambition & d'envie,
  Pauvre mortel! passe une vie
  Que la mort talonne de près.
  Peu de chose suffit au sage;
  Et pour faire un petit voyage,
  Il ne faut pas de grands apprêts.

  On est roi quand on se maîtrise,
  Quand on se soumet ses passions,
  Quand des folles ambitions
  On ne se sent point l'ame éprise,
  Et quand d'un vain peuple on méprise
  Les vaines acclamations.

XIX.

 Plus les sens reçoivent de délices, moins l'ame a d'idées. Ces plaisirs vifs & fréquens enlèvent à la raison les perceptions fines & profondes; il faut à l'homme une vie frugale, pour que son entendement demeure sain. Celui qui mange trop délicatement ne peut plus manger au bout de quelques années. Si la volupté vous domine, bientôt vous serez son esclave, & vous ne ferez plus que vous ennuyer..... Voilà ce que je dis à un prince qui ne me comprit point; j'en fus fâché, car il étoit aimable.

XX.

Un autre prince m'avoua qu'au milieu des délices des sens il avoit rencontré des vides affreux. Je lui conseillai de se mettre à faire du bien tout à l'entour de ses domaines. Il y étoit disposé, mais hélas ! il n'y avoit plus assez d'étoffe pour qu'il fût véritablement sensible, pour qu'il pût pleurer, pour qu'il goûtât cette joie vive & douce qui suit & récompense une belle action, pour qu'il sentît enfin cette ivresse qui accompagne l'état d'un sentiment sublime.

Quand c'est la réflexion, & non le sentiment, qui dit à certains princes qu'il y a des malheureux, alors leurs vertus sont en pure perte, & ils n'éprouvent pas que le plaisir de la générosité & de la bienfaisance a quelque chose de divin ; ce qui ne peut être bien senti que par des ames exercées à la bienfaisance, & pour qui la bonté de l'ame n'est pas un mot vide de sens.

Un poëte fait dire à un prince ces deux beaux vers :

Les plaisirs, les grandeurs n'ont pu remplir mes vœux ;
Un instant de vertu vient de me rendre heureux.

XXI.

Je vis un phénomène bien étonnant, c'étoit un

ministre de la guerre tout occupé de faire la paix. Il ne manquoit plus que de voir un contrôleur des finances renoncer enfin aux emprunts, qui ruinent nièces & neveux.

Mon pouvoir ne s'étendoit pas jusques-là; les hommes abusent tant qu'ils ont de la marge.........

XXII.

Toutes les loix furent énoncées en termes clairs & précis. « Il faut que la loi soit courte, dit » Séneque, afin que les ignorans en saisissent plus » facilement l'esprit ».

XXIII.

En voyant cette foule de demoiselles nubiles qui peuplent les sociétés, qu'on rencontre par-tout silencieuses & froides en présence de leur mère; ce régiment oisif me déplut, & la gêne & la contrainte qu'il éprouvoit passèrent dans mon ame.

Rien ne me parut plus ridicule que ces grandes demoiselles attachées aux jupons de leur mère, & qui vont tournant avec elle. Ces momies blanches portoient sur leur visage l'empreinte de la dissimulation. Cet esclavage sans fin, imposé à des filles nubiles, si fréquemment victimes de leur complexion, me parut injuste & contraire aux loix & aux avantages de la société. Quiconque croit pouvoir étudier le caractère de sa maîtresse sous les yeux d'une mère, se trompe absolument. Les demoiselles n'osent rien, tandis que leurs mères se permettent tout. Quoi de plus propre à faire naître la fausseté & la très-dangereuse idée de ne regarder le mariage que comme une porte ouverte à la liberté licencieuse!

Je pris sous ma protection ces aimables créatures, à qui on refusoit l'usage du sentiment dans l'âge où le sentiment se développe, où il est le plus actif & le plus fécond en vertus.

J'enlevai à ces mères jalouses & altières, ces esclaves sensibles dont elles se pavanoient, & sur lesquelles elles exerçoient leurs innombrables caprices. Je voulus que ces intéressantes créatures cessassent d'être inutiles à elles-mêmes & aux autres. Je portai une loi qui licencia toutes les filles à l'âge de vingt-un ans, & qui, à cette époque (où il n'y a plus d'enfance), les rendit indépendantes & absolument maîtresses de leur personne; car la nature a donné aux femmes, dans un court espace, tant de souffrances, que le plaisir leur appartient dans leur jeune âge, qui s'écoule, hélas! si rapidement pour elles, & comme l'a dit un philosophe, « elles sont en quelque » sorte forcées à se presser de vivre »; parce que bientôt la douleur, la perte de leurs charmes, la solitude qui en est une suite, vont consumer une vie qu'il a plu à la nature d'abréger. Cette rigueur du fort ne fauroit être corrigée, qu'en leur laiffant du moins les beaux jours marqués pour leurs jouiffances, jours paffagers, & qu'il feroit inhumain d'immoler à des conventions arbitraires, lorfque leur fenfibilité eft dans toute fa fleur, & répand fes parfums autour d'elles (1).

---

(1) Le rôle de fille, au milieu des mœurs & des inftitutions modernes, eft le plus cruel rôle du monde. Qu'une jeune perfonne foit mélancolique, elle eft tourmentée, dit-on, du defir & du befoin d'avoir un amant. Eft-elle gaie, folâtre, cet enjouement touche à peu de réferve; elle ne peut ni rire, ni foupirer. On veut qu'elle foit fille & qu'elle ne le foit pas.

Le fentiment qui part d'un cœur neuf, vaut mieux que le fentiment qui diffimule; & ces jeunes filles, qui ne peuvent jamais dire un mot de ce qu'elles fentent fi bien, font plus près de leur chûte, que celles qui font les aveux naïfs du plaifir qu'elles ont à voir leur amant.

Ces innombrables demoifelles qui couvrent la France entière, & qui ne peuvent fe marier ni vivre dans le célibat, qui, à vingt-cinq ans, habitent & furchargent encore la maifon paternelle, comme fi elles n'avoient que dix ans, forment un fpectacle tout-à-la-fois attriftant & rifible. Que font ces grandes filles auprès de leur mère, lorfqu'elles pourroient elles-mêmes être mères de famille ? Quelle figure font-elles devant leur père ? Il fent tout auffi bien qu'elles, combien elles font déplacées. Tout moralifte fent la néceffité d'une loi ou d'une coutume propre à réformer nos inf-

Les filles de vingt ans n'ont point notre ambition, nos affaires, nos spéculations, nos voyages & nos fatigues. Il faut donc les laisser libres dans le sentiment qui les occupe. Leur imagination est plus vive & moins distraite que la nôtre ; elle se concentre par conséquent sur un seul & unique objet. Le lit conjugal est presque le seul endroit où l'honnête femme jouisse sans dangers & sans remords ; c'est-là son empire & son trône, d'où elle ne descend qu'avec regret. Ne l'en blâmons point ; elle achète assez cher le plaisir, quand elle remplit ses devoirs. Toutes les grandes demoiselles, auxquelles on avoit enlevé impitoyablement leur jeunesse, c'est-à-dire, leur vie, qui se desséchoient lentement, & mouroient de chagrin & d'ennui, graces à moi, eurent la liberté d'aimer à leur gré, & de transformer, d'après leur choix, un amant en époux. Le bonheur fut à leur portée, tandis que l'insouciance de la jeunesse le leur permettoit. L'on ne vit plus ces intéressantes créatures perdre leurs plus beaux jours, en éta-

---

titutions civiles, qui, follement amalgamées avec des idées réligieuses & retrécies, rendent la moitié des femmes invinciblement malheureuses. Il y auroit donc un livre neuf, piquant, curieux & philosophique à faire, intitulé : *des Demoiselles*. Je le ferai peut-être un jour : en attendant, qu'on ne me vole point mon titre.

lant dans la société les petites & puériles idées qui naissent d'un esclavage absolu; car il détruit à la longue le sentiment & même les vertus.

XXIV.

Le plaisir entre dans l'essence de l'homme & dans l'ordre de l'univers. Le plaisir est l'aimant de notre nature, l'ame de nos actions. Tous les animaux le cherchent & s'y livrent. Le goût du plaisir réglé sert l'intérêt de la société, au lieu d'y nuire.

Je voulus que le peuple eût des fêtes, des jeux. Défense de troubler ses récréations, & j'aimai mieux alors le voir un peu turbulent, que dans la morosité de la contrainte.

Je fis servir la musique à ses divertissemens. La musique est un cinquième élément pour plusieurs ames sensibles; elle donne des sensations à ceux qui n'en ont point.

La danse ne fut pas oubliée. L'indolence d'un muscle l'oblitère, & il est puni de son inaction en perdant la solidité & le jeu dont l'avoit doué la nature. Tous les muscles du peuple allèrent bien, très-bien; & ce tableau animé formoit, sous mes regards, le plus intéressant de tous les spectacles.

XXV.

Beaucoup de choses relatives au bien public sont ordinairement négligées, parce qu'on les possède en commun. *Communiter negligitur quod communiter possidetur :* & le proverbe dit :

> L'âne de la communauté,
> Est toujours le plus mal bâté.

Je nommai un inspecteur qui me donnoit avis de toutes les dégradations qui pouvoient occasionner une incommodité publique; car la police n'est faite que pour aller au-devant de tous les dangers.

XXVI.

Persuadé que la Nature a dans ses magasins des trésors d'un très-grand prix, qu'elle nous réserve au moment que nous y penserons le moins, que plusieurs sont sous nos yeux, & que nous ne les voyons pas, que les importantes découvertes ont été le fruit du hasard, plutôt que de l'expérience; je récompensai tous ceux qui interrogeoient la Nature, & la moindre expérience bien faite ou bien suivie, l'emporta sur des volumes systématiques,

XXVII.

Qui pourra expliquer la formation de la subtance du cerveau qui, molle & ductile, conserve dans ses plis, & avec le plus grand ordre, les images de tout ce que nous avons vu, entendu, appris dès notre plus tendre enfance ? Idées, réflexions, sentimens, tout est net & distinct. La représentation d'un objet vient après soixante années, nous frapper aussi vivement que s'il étoit encore présent. Les idées que nous voulons chasser sont celles qui reviennent avec des couleurs plus vives; qu'y a-t-il de plus étonnant que la structure de cet organe, siège de la pensée ?

Je fis ces réflexions en voyant un anatomiste disséquer un cerveau; je les fis pour lui, car il cherchoit une fibrille, & il s'impatientoit de ne la pas trouver.

Chaque sens de l'homme offre un tissu de miracles, & quand on songe à l'enchaînement incompréhensible qui les lie, il n'y a plus de langue pour célébrer.

XXVIII.

Qu'un prince doit faire pitié lorsqu'il se regarde sérieusement comme pétri d'un autre limon que le reste des hommes! Un orgueilleux de cette espèce, est un ignorant qui ne peut jamais être vraiment bon. Il n'est guère d'ames généreuses que celles qui sont sensibles, c'est-à-dire, qui ont médité sur le néant des grandeurs & sur la réalité des vertus; c'est la pratique des actions nobles qui nous apprend à sentir & à penser.

L'intelligence épure le cœur, le forme, l'assujettit à la vérité, & l'enlève à l'arrogance, qui n'est qu'une usurpation faite par une imagination dépravée sur le bon sens naturel. Héraclite l'a si bien dit :

L'estime de soi-même est une épilepsie.

Je coulai ce petit chapitre dans une certaine poche, souhaitant fort qu'il fît son effet.

XXIX.

Plus on bâtit de temples dans une religion, plus elle est près de sa chûte. Il ne faut qu'un temple dans une ville, afin qu'il conserve cette pompe mystérieuse qui en impose à l'imagination. Ces dépenses énormes pour des édifices sacrés me parurent fastueuses & onéreuses au peuple, qui ordinairement en faisoit les frais; aussi les temples, au bout d'un demi-siècle, n'étoient pas encore achevés. Il y eut moins de temples, ils furent plus simples, & la ferveur religieuse s'en augmenta.

Donner aux hommes le frein de la religion, c'est déjà une admirable institution. Mais approprier le dogme & le culte à la réforme des vices particuliers d'une nation, ce seroit là le chef-d'œuvre du législateur religieux.

Le culte intérieur est l'hommage que toute créature doit rendre à l'Être suprême. C'est le culte par excellence, & digne d'être offert à celui qui est esprit & vérité; mais, comme l'homme n'est pas isolé, il doit publier sa reconnoissance publiquement.

L'intérêt du genre humain exige qu'un Dieu soit reconnu & adoré.

X X X.

Un plaisant disoit devant moi qu'il souhaitoit fort que les contrôleurs-généraux des finances ressemblassent aux bibliothécaires du Roi, parce que ceux-ci, gardiens d'un grand trésor, prenoient bien garde de ne point en faire leur profit particulier; ce qui n'arrivoit pas à ceux qui manioient les finances de sa majesté. Je ne pus m'empêcher de rire, & je fis un don léger à ce plaisant, car les bons mots ont leur prix.

X X X I.

Je fis rétablir dans une place publique la statue

que Lycurgue avoit dreſſée au Rire. Quoi de plus innocent que le rire ingénu de l'homme de bien?

La fonction de Momus étoit d'épier les actions des dieux, & d'en blâmer les abſurdes. Comment ne pas ſe divertir de ce que l'on voit? Le dieu Porte-Marotte faiſoit ſonner tous ſes grelots, & il fut licite à chacun de rire tout à ſon aiſe.

Oui, l'on dit plus de choſes excellentes & rares ſur une affaire politique qui eſt cachée, que n'en imaginent ceux qui en ſavent le ſecret.

Pour l'honneur des actions les plus conſidérables (dit quelqu'un), il eſt important que les cauſes en demeurent ſoigneuſement cachées.

XXXII.

C'EST au moyen de l'imprimerie que le génie parlera à la poſtérité juſqu'à la fin du monde. Qui êtes-vous donc, ennemis de l'imprimerie? Vous la craignez! vous ſerez mis à jour par elle; elle ira fouiller la vérité juſqu'au fond de vos entrailles. Liguez-vous, méchans & impoſteurs, liguez-vous des quatre coins de l'univers; l'imprimerie vous brave; ſon anéantiſſement eſt hors de votre pouvoir.

Vous ne voyez pas le reſſort prodigieux de l'eſprit humain, ſa puiſſance ſûre, quoique lente, sa tendance perpétuelle à ramasser de toutes parts les matériaux phosphoriques de la vérité; il faudra peut-être encore épuiser quelques siècles, mais enfin la maturité des idées vous détruira, vous, misérables adversaires de la raison humaine, & l'édifice de la philosophie reposera sur une base inébranlable, tandis que vos noms seront livrés à l'opprobre.

Voilà ce que je me permis de dire à des hommes qui, pour un méprisable calcul d'intérêt personnel, retardoient tous les grands coups de pinceau & empêchoient l'observateur philosophe de s'élever à la sublime fonction d'homme d'état & de législateur, comme si, en l'opposant sans cesse à l'activité salutaire de la philosophie, on n'ôtoit pas au siècle son énergie, à l'entendement humain ses trésors, à l'homme de bien ses jouissances intimes; car tout est grand dans un siècle & chez une nation philosophe, & l'on ne saura point agir avec grandeur & dignité, si l'on n'a point appris préalablement à penser & à parler avec dignité. Vils ennemis des pensées imprimées, c'est vous qui anéantissez la grandeur nationale; vous voulez que tout soit mesquin, petit, dur & personnel comme vous; mais vous n'échapperez pas à la plume qui burinera votre ineptie. Vous pâlissez déjà, vous devinez votre histoire.... Les gens de bien seront vengés.

Songe XI.

XXXIII.

Il fut un tems, (& ces préjugés de Visigots n'étoient pas entièrement détruits) il fut un tems, dis-je, où la profession des armes étoit la seule distinguée, où les arts qui font l'aisance, le repos, les commodités, la gloire, les plaisirs, la nourriture de l'homme, étoient regardés avec mépris. Je vis qu'un reste d'imbécillité barbare, subsistant encore dans quelques esprits, refusoit de mettre le magistrat (1), le négociant, l'artiste renommé, sur la même ligne que le militaire. Je les en dédommageai, & je fis en sorte que les idées saines & utiles à la politique, ne rencontrassent plus des yeux fermés ou fascinés (2).

---

(1) Le militaire risque sa vie, mais ce n'est que l'affaire d'un moment. L'homme de loi, en se privant de tous les plaisirs, en se dévouant à l'étude la plus sèche, sacrifie la sienne à chaque minute

(2) Que d'idées ridicules en fait de noblesse dominent encore! Un gentillâtre vous parlera avec un ton très-sérieux de ses huit quartiers; il vous dira que l'empereur des Turcs n'est pas gentilhomme du côté de sa mère, & que s'il lui prenoit fantaisie de se faire baptiser & de se faire chanoine, il ne seroit pas reçu dans un chapitre d'Allemagne. Il faut quelquefois entendre de pareils raisonnemens.

Qu'importe dans quel sang on ait puisé la vie;
Le plus noble est celui qui sert mieux la patrie.

XXXIV.

Je fabriquai une pipe d'une structure rare & nouvelle, & je la mis dans la main de ceux que travailloit un principe intérieur de vanité; or, de toutes les prétentions orgueilleuses accumulées dans le foyer, il n'en sortoit, comme d'une coupelle, que des crêtes & des plumes de paon. L'homme voyoit tous ses projets ridicules ou insensés, s'enfuir & s'évanouir dans le petit nuage de fumée.

XXXV.

Comme il y a des ressemblances dans les familles, il y en a dans la même nation. Un usage ne peut donc passer d'un pays dans un autre, sans modification. La temperature, qui influe sur les traits du visage, peut influer sur les organes délicats & secrets qui enveloppent la substance pensante; de-là, le caractère distinctif de tout ce qui vit & respire; les races tiennent au climat; leur empreinte est visible, & quelquefois insurmontable.

Je voulus que le sentiment de l'honneur fût toujours l'ame des François, qu'aucun soldat ne fût frappé, qu'aucun citoyen ne fût avili, que l'on respectât en eux cette précieuse sensibilité qui les mène à toute espèce de gloire. Je voulus que la nation fût toujours conduite par son propre génie, & non par ces idées étrangères, qui tuent à la fois le courage & le génie. Je laissai aux François le vaudeville, la chanson & même la petite brochure ; parce qu'ils n'avoient plus de fiel dès qu'ils avoient ri ; & que rien n'appaisoit mieux une affaire quelconque, que de laisser les bons & les mauvais plaisans s'exercer & s'épuiser sur elle.

XXXVI.

Un degré d'industrie équivaut à soixante degrés de travail. L'industrie n'est autre chose que le secret d'amasser le plus d'unités physiques, avec le moins de bras qu'il est possible. Il faut donc encourager les mécaniciens qui rendent à la culture des terres, cette foule de bras employés aux arts du luxe. Et c'est ce que je fis.

XXXVII.

Des sentences rimées naissoient toutes formées dans ma tête, & je versifiois ces maximes tout comme Pibrac, parce que les pensées se retiennent plus aisément, quand elles ont une tournure mesurée.

Ces quatrains étoient pour le peuple, voulant inspirer de bonne heure à la jeunesse la haine du vice, & l'amour de la vertu; car, quoique ce soit-là une phrase vulgaire, tout se réduit là.

Je vis un jeune homme inexpérimenté qui se glissoit chez une femme, qui ne portoit pas le nom de courtisanne, mais qui étoit cent fois plus dangereuse. Je remis au jeune homme ce quatrain :

 Plus le vice est profond, & plus il a d'appas;
 Il va toujours en masque, & n'est rien que fentise.
  C'est aux écueils, qui ne paroissent pas,
  Que le navire neuf se brise (1).

Une statue qui représentoit le Tems, sortoit de l'attelier du sculpteur, il y manquoit une devise, j'y attachai celle-ci :

 Tems! sous qui les plus forts sont enfin abattus,
  Que tes rigueurs nous sont propices!
  Quand tu nous ôtes les délices,
  Tu nous fais aimer les vertus.

Un jeune peintre venoit d'achever un tableau, où se trouvoit la figure héroïque & sainte de la

---

(1) Si les courtisannes ne faisoient que ruiner un jeune homme, ce ne seroit rien; mais elles l'accoutument à parler & à penser comme elles.

Tempérance, je lui donnai ces vers pour mettre au bas :

> Les loix qui règlent nos plaisirs,
> Ne sont pas des loix inhumaines.
> La nature & le ciel ne bornent nos desirs,
> Que de peur d'accroître nos peines.

XXXVIII.

Je vis une statue environnée d'inscriptions mensongères, & qui insultoient à la crédulité ou à la foiblesse du peuple, je les effaçai; & comme celui à qui l'adulation avoit érigé cette statue n'avoit point mérité de la patrie, je tournai sa tête du côté du dos, je repliai les jambes & rendis la figure hideuse; elle ressembloit alors à sa mémoire.

XXXIX.

J'appesantis mon bras sur les infidèles dépositaires des fonds publics. Il y avoit un grand nombre de gens puissans qui étoient fort intéressés à ce que l'ordre de comptabilité du royaume fût enveloppé de ténèbres. Des gens en place distribuoient l'argent avec profusion, sous le nom de dépenses secretes, dont ils ne rendoient point de compte à leur département, soit afin d'en augmenter leur fortune particulière, soit afin d'acheter des créatures. J'examinai rigoureusement l'emploi des fonds que chaque homme en place devoit fournir à chacun des départemens. Je défendis l'argent du roi, comme une lionne défend ses petits; j'empêchai le désordre, les gaspillages, les dépenses inutiles, les friponneries, les doubles emplois, & ma tête eut besoin de toute sa force, pour s'enfoncer dans cette épouvantable arithmétique. Cette partie mécanique de l'administration des finances, fut ce qui me coûta le plus. Il fallut me livrer à un travail opiniâtre, mais je dévorai ce travail pénible & dégoûtant par amour pour les intérêts du prince & de la patrie, & au bout de cette tâche importante, je donnai des chiquenaudes incisives au nez de tous les fripons; ce qui annonçoit à toute la terre qu'ils avoient volé le roi & l'état. Oh! que de nez camus!

X L.

Un homme qui demande l'aumône à un autre homme, & dont la subsistance par conséquent est fondée sur ce qu'on lui accorde, ou ce qu'on lui refuse, mérite l'attention du gouvernement.

Je n'eus pas la cruauté de rendre les mendians beaucoup plus à plaindre qu'ils ne l'étoient; car il faut les châtier, & non les faire périr dans des dépôts. Je les renvoyai chacun dans leur paroisse, au lieu de leur naissance, & là, comme on connoissoit, plus qu'ailleurs, leurs revers ou leurs vices, des préposés leur imposoient la tâche à laquelle ils étoient propres. Une correction sévère les obligeoit au travail, & quiconque d'entr'eux sortoit du district de sa paroisse, y étoit ramené forcément pour subir la peine due à sa désobéissance. Par ce moyen il n'y eut plus de vagabonds.

XLI.

Je fis observer les loix qui attribuent au chef de la maison, l'empire sur tous les individus qui la composent ; car partager la puissance me parut la plus grande des erreurs, la plus propre à fomenter les discordes. La puissance physique des femmes est déjà très-grande ; si la loi leur donnoit autant d'autorité qu'aux hommes, ceux-ci ne seroient-ils pas bientôt dans la dépendance la plus abjecte ? Tout mari devint maître absolu dans sa maison.

XLII.

Comme mon haleine devenoit dévorante lorsque je voulois la faire servir au bien de l'humanité, d'un souffle je volatilisai (& plus promptement que le creuset du chymiste) tous ces diamans qui infestent la France, & qui font payer tous les maux qu'ils ont occasionnés, pour les extraire des mines & les apporter en Europe. Ce luxe puéril & ruineux excita puissamment ma vigilance & mon indignation, & je crus rendre un service essentiel à la patrie, en ne laissant aucune trace de ces brillans perfides, achetés du sang des hommes, & qui ne servoient qu'à alimenter de toutes les vanités connues, la plus creuse & la plus misérable.

Funestes diamans! criai-je tout haut, vous deviez faire aux hommes tout le mal possible; parce que vous avez causé dans l'origine tous les maux possibles à l'humanité. Hélas! au Brésil, pour conserver aux rois le monopole des diamans, cinquante lieues carrées autour des mines sont désertes, & l'on pend au premier arbre quiconque est trouvé dans les environs, s'il ne prouve qu'il y avoit affaire. Lapidaires! diamantaires! je vous dévoue à l'anathème. Que vous & vos marchandises disparoissent de dessus la terre.

XLIII.

Je défendis la chasse à ces gentillâtres, qui s'en faisoient un droit pour porter préjudice aux gens de la campagne; n'étant pas juste, que pour le plaisir d'un chasseur, des laboureurs ou vignerons, souffrissent quelque dommage, & je déchirai (avec une sorte de fureur, je l'avoue) le code absurde & féroce de ces loix pénales, qui régloient la chasse pour le plus fort du canton, & qui avoient osé égaler la vie des bêtes à celle des hommes.

La chasse punit, il est vrai, celui qui s'en fait une occupation, au lieu d'un simple délassement. Il devient sauvage & farouche; il perd les idées morales; il ne connoît plus d'autre plaisir que d'errer dans les bois & dans les campagnes; il ne sait plus parler que des événemens de la chasse, & il perd les jours les plus précieux dans ce violent exercice, qui rend robuste son estomac, mais pour affoiblir d'autant plus sa tête, & la rendre peu pensante: il finit, ce déterminé chasseur, par vivre avec des chiens & des piqueurs, & par mettre au rang des prouesses, un sanglier blessé, & au rang des accidens notables, un gibier qu'il a manqué. Les entreprises du lendemain, sont d'abattre des perdrix & de massacrer des lièvres. Eh! qu'a-t-on besoin, dites-moi, d'une ame raisonnable pour franchir des fossés, pour grimper des collines, pour braver le froid & le chaud, pour pousser des clameurs & des huées extravagantes à la piste des animaux, pour se transporter de joie si l'on a fait quelque capture, ou pour se frapper le front de rage & de colère si le gibier a échappé.

Déchirer par passe-tems d'innocentes créatures; se faire un jeu de leurs souffrances, & cela pour hâter une digestion un peu laborieuse ; trouver une volupté dans les terreurs & les angoisses des pauvres animaux fugitifs, sans que le besoin ou la faim vous presse ; sont-ce là des jeux dignes de l'homme qui devroit respecter le créateur des êtres sensibles jusques dans les animaux qu'il a soumis à la douleur.

Optez, cruels chasseurs, (m'écriai-je) embrassez le système de Descartes, lequel contredit ouvertement la raison, ou jugez-vous friands d'un plaisir féroce. Vivez dans les bois, impitoyables & durs chasseurs ; chérissez de préférence la compagnie des chiens & des liévres ; oubliez toute autre affaire, & quand vous aurez perdu à courir les bois & les broussailles, les heures les plus intéressantes de la vie, faites encore le soir l'histoire d'un jour que vous aurez si dignement employé pour la patrie & pour vous-mêmes.

Chasseurs ! si, semblables à Nembrod, à Hercule, vous dirigiez vos attaques contre les bêtes féroces qui dévastent les troupeaux, & dévorent quelquefois les bergers, vous feriez une noble guerre aux monstres que la crainte & la foiblesse sont forcées à respecter ; mais vous ne tuez pas ces animaux, vous poursuivez les plus craintifs, lorsqu'ils se sont gorgés des choux, de la salade & des graines des malheureux paysans.

obligés de supporter encore cet impôt, plus funeste que l'intempérie des saisons, & ces dévorés ont souvent à défendre leur vie contre la voracité d'un garde-chasse assassin, & qui l'est, (ô honte ! ô douleur !) qui l'est impunément.

Maudite chasse ! Les barbares qui inondèrent l'empire vers le commencement du cinquième siecle, ont ennobli cet exercice, parce qu'il étoit de leur goût ; & il faut que nos terres fertiles soient ravagées pour l'amusement privilégié de quelques êtres oisifs, incapables d'apprécier le prix du tems & les devoirs de l'humanité.

XLIV.

Un homme disoit à un autre : « vous êtes un sot, avec tout votre esprit, vous ne réussissez point. Depuis que je vous connois, je ne vous ai point entendu une seule fois parler de vos talens. On cessera bientôt d'y croire. Voyez un tel, il se loue intrépidement lui-même dans les feuilles périodiques. Mais, répondit l'homme modeste, c'est une vanité méprisable que de parler de soi ; & je pense qu'on n'en impose à personne. —Vous vous trompez, répartit l'autre, on commence par se moquer de celui qui préconise son mérite ; on finit par oublier que les louanges que l'on a entendues sont sorties de sa propre bouche ;

on les attribue à un autre, & on loue enfin, avec la multitude, celui que l'on tournoit hier en ridicule; un éloge répété, est l'eau qui tombe goutte à goutte, & qui perce (comme le dit Quinault) le plus dur rocher ».

J'écoutois ce dialogue. C'étoient deux auteurs qui conversoient ensemble, & qui portoient, comme on le voit, un caractère bien différent.

J'arrêtai l'auteur orgueilleux, & je lui dis devant tout le public : « Tu ressembles parfaitement au coq-d'Inde : quand on s'arrête pour regarder cet animal, il se gonfle, fait la roue & rougit sa crête jusqu'à être prêt à me crever ».

XLV.

Je ne suis jamais gai quand j'entends de la musique tendre, dit Shakespear : on fait mieux alors que d'être gai, on est emu, touché, attendri. On en peut dire autant d'une composition théâtrale qui remue l'ame. Qui craint de s'attendrir, a dit quelqu'un, craint d'être bon.

Je fus de l'avis de Shakespear; je donnai le prix à la musique sentimentale & aux drames, dont on pouvoit dire : *pectora mollescunt.*

XLVI.

La tragédie françoise me fit beaucoup rire,

surtout de la manière dont elle étoit jouée. J'assistai à la Mort de César, par Voltaire. Quelle œuvre mince! Quel cadre étroit! Quel misérable enfantillage, substitué à la majesté de l'histoire! On ne pouvoit pas défigurer plus complettement le chef-d'œuvre de Shakespear; Voltaire n'avoit pas su lire son superbe, son admirable original. Des acteurs encore plus ridicules que la pièce, mirent en jeu une bonne humeur, qui se termina par une sincère pitié sur la pauvreté réelle du théâtre françois.

Le poëte tragique, livré à la froide symétrie, s'étoit presque toujours écarté du tableau historique qui, dans son ensemble, avoit sa vérité. Il l'avoit coupé mal-adroitement, pour le faire entrer forcément dans le cadre des règles. Ainsi il s'étoit privé des scènes les plus neuves & les plus intéressantes; car c'est le sujet qui doit modifier l'action théâtrale. La resserrer lorsqu'elle doit être étendue, lorsqu'elle doit exposer de grands mouvemens, c'est manquer à l'art, à l'intérêt, à la vérité; c'est sacrifier les plus grandes beautés à des règles desséchantes qui ne font que détruire l'illusion, en ôtant un libre essor aux mœurs & au caractère de chaque personnage.

La tragédie françoise ensuite étoit, pour la multitude un effet sans cause, & qu'est-ce qu'un ouvrage moral dont le but ne sauroit être saisi, &

qui ne peut rien dire à la multitude ? Eh ! parlez-lui de ſes mœurs, de ſa fortune, de ſa poſition actuelle, elle vous entendra.

Quelle étude plus digne du poëte que de bien connoître ce qu'il doit enſeigner à ſon ſiècle, & d'approprier ſon drame aux circonſtances !

Mais, au lieu d'un tableau vivant & animé, le poëte tragique avoit métamorphoſé Melpomène en un mannequin, dont l'attitude étoit perpétuellement bizarre & ridicule. Cette caricature étrange offroit d'ailleurs le même moule dramatique pour tous les peuples, pour tous les gouvernemens, pour tous les évènemens terribles ou touchans. Serviles adorateurs de ce qui s'étoit fait & abſolument dépourvus d'invention, les poëtes oubliant la grande deſtination de l'art, avoient fait des pièces factices, en voulant les ajuſter à celles des anciens. Toujours le même protocole, toujours des tableaux de pure fantaiſie, & le goût le plus faux qui ait jamais exiſté chez un peuple, détruiſoit inceſſamment la vérité hiſtorique, & comptoit la remplacer par une vaine élégance.

Je chaſſai les pitoyables acteurs tragiques, avec l'éternélle famille d'Atrée & d'Agamemnon ; je fis la guerre à ce mauvais goût, à cette déclamation amphatique, froide & forcenée, le ſon le plus déſagréable qui puiſſe frapper une oreille ſenſible. Je mis en fuite, du même bond, ces auteurs,

auteurs, qui vont pillant des pièces de théâtre dans de vieux recueils, pour les offrir ensuite gonflées de rimes nouvelles & sonores; & puisqu'ils étoient impuissans à nous donner le tableau fidèle des mœurs & des gouvernemens anciens & modernes (1), je leur défendis de toucher aux sujets nobles & graves, émanés de l'histoire. Le peuple, qui s'ennuyoit étrangement de tout ce fatras, me remercia d'avoir fait disparoître cette charge grotesque, que des journalistes & des académiciens lui avoient dit d'admirer. Tragédie françoise & farce devinrent synonymes; le spectacle national, entièrement changé & refondu, offrit de l'intérêt, de la gaieté, de l'instruction; & l'emploi d'écrivain dramatique, pour la première fois, fut connu & chéri de la nation entière.

XLVII.

Un homme en place crioit tout aussi douloureusement que mon jeune auteur: je veux anéantir tous les livres; oui tous, parce qu'on a fait un pamphlet contre moi, & qu'on en médite un autre. Pourquoi des livres, puisque je ne lis pas?

---

(1) Cromwel & Guise ont une toute autre physionomie que Xipharès & qu'Hypolite, & je pense que ces nouveaux personnages exigeroient une autre forme dramatique que celle du divin Racine. Note de l'auteur.

A quoi servent les livres ? à faire raisonner le peuple, & je ne veux pas, moi, qu'il raisonne : c'est à lui de suivre le mouvement qu'on lui imprime. Destruction des livres ! Guerre aux livres ! Une armée d'espion, de commis & d'exempts pour empêcher l'approche d'un livre, car ces maudits livres font le tourment de ma vie & m'obligent de mesurer mes actions ; puis ces livres disent tout, & révèlent les actions les plus secrètes. On n'est jamais tranquille avec ces livres babillards. Au feu, au pilon, au cachot tous les livres, si l'on ne peut y mettre tous les auteurs. C'est un crime que d'écrire. — C'est un droit inhérent à l'homme, repris-je, puisqu'il a celui de penser. Or, penser, parler, écrire sont synonymes ; car cette opération intellectuelle est la même. L'imprimerie est un don visible de la divinité, par lequel elle a voulu contre-balancer les maux que les tyrans pourroient faire à l'espèce humaine. L'imprimerie est une défense auguste & légitime, qui n'a ni violence ni cruauté. — Mais je crains la satyre. — Je le crois. — Mais je suis fort. — Frappez donc ; mais, apprenez qu'il n'y a point d'action sans réaction.

XLVIII.

Je fus l'exécuteur d'une loi qui me plut beaucoup. Elle convenoit à un siècle où l'on dévore ses capitaux, où un jeune prodigue est à peine en possession de son bien, qu'il dissipe en deux ou trois années la fortune de ses ancêtres. Cette loi portoit interdiction de vendre son héritage. On l'a reçu de ses aïeux ; on le doit à ses descendans.

Mais si le gouvernement lui-même est prodigue, s'il veut toujours jouir sans mesure, s'il mange l'avenir, détruit le passé, dessèche le présent ; s'il a donné aux particuliers l'exemple fatal d'anticiper sur ses revenus, & de dévorer le fond de ses richesses..., que deviendra la loi, l'excellente loi ? Je fis mon devoir, je la publiai, parce que je plaignois la génération future ; elle sera plus pauvre que jamais, si l'argent va toujours se réunir à la masse fatale de ceux qui en possèdent déjà beaucoup.

XLIX.

Tout ce qui concerne les travaux de la campagne & la reproduction des végétaux fut si bien protégé, honoré, encouragé, que le siècle s'appela le siècle agriculteur. Ce titre en valoit bien un autre.

Les agriculteurs distingués, portèrent trois épis entrelassés à la boutonnière de leurs habits.

Le paysan, vu comme agriculteur, pasteur, pêcheur & chasseur, doit être considéré comme le véritable Atlas, portant le globe de la terre sur ses robustes épaules; car c'est par lui que le genre humain subsiste.

L.

J'ÉTABLIS un tribunal où des juges du point d'honneur prirent connoissance de ces injures personnelles qui mettent un citoyen dans le cas de désobéir aux loix, ou de porter la conscience d'un affront non effacé. J'étendis cette jurisdiction sur tous les ordres de citoyens, parce que je voulus que l'honneur fût le premier des trésors, & qu'il fût en sûreté contre cette multitude de délits qui blessent & qui offensent si vivement les ames délicates & sensibles.

LI.

UN homme avoit fait une mauvaise action, il se disposoit à parler; je lui dis: « tu vas faire » mille mauvais raisonnemens pour pallier ta » faute; reste avec la première ».

LII.

JE condamnai un athée à vivre seul. Qu'est-ce qu'un athée? C'est un homme qui s'est isolé, qui s'est fait le centre de l'univers, qui ne peut plus avoir ni desirs élevés, ni espérances consolantes: c'est un égoïste qui n'a détruit un être suprême que pour se faire l'être par excellence. Il faut qu'il vive seul, ainsi qu'il sera un jour; car l'enfer sera d'être seul, seul..... Cette idée fait frémir.

L I I I.

Je vis que les esprits commençoient à s'échauffer sur les intérêts publics, & que la nation portoit son activité sur des objets enfin dignes d'elle. Tant mieux, m'écriai-je; car l'oubli des principes de la morale & de la politique, conduit nécessairement un empire à sa ruine. Qu'on se rapproche le plus que l'on pourra de la nature; elle fait toujours des loix plus heureuses que celles que nous nous donnons.

L I V.

Il y a, dit Montaigne, des condamnations plus crimineuses que le crime. Je fus de son avis, & je fis brûler des procédures honteuses, parce qu'il n'étoit pas bon qu'on gardât la mémoire de certaines iniquités.

L V.

Les crimes commis par les fanatiques, ne leur inspirent point de remords. Ils dorment tranquillement sur leurs forfaits; leur conscience ne leur dit rien; c'est en vain qu'ils ont outragé la nature. La religion qu'ils croyent avoir vengée, leur assure une paix affreuse, mais réelle pour leur cœur. Ne voilà-t-il pas le sentiment le plus horrible qui puisse dénaturer le cœur de l'homme?

Toutes les idées morales vont s'éteindre dans une frénésie religieuse. Alors le fanatique frappe aveuglément; il devient le plus monstrueux des êtres.

On m'avoit dit qu'il n'y avoit plus de fanatiques, j'en déterrai quelques-uns à qui il ne manquoit que les circonstances pour épouvanter de nouveau la terre. Je les châtiai si rudement, que tout en s'appelant martyrs, ils furent obligés d'appeler à leur secours quelqu'un qui fermât leurs cicatrices, & ce soin dérangea pour quelque tems leurs idées atrabilaires & cruelles.

LVI.

Les charges de judicature ne furent plus mises à l'encan, ce qui faisoit dire à Seneque que les magistrats, après avoir acheté la justice en gros, trouvoient du profit à la revendre en détail.

LVII.

Je dis à un homme qui venoit de faire une dédicace : pauvre sot, qui t'attaches à louer les grands, tu ne sais pas que leur amour-propre est blasé comme leur palais; ils ne sentiront pas plus la louange la plus fine & la plus délicate, que la sauce exquise que doit leur servir ce soir leur maître-d'hôtel; tu perds ton tems & tes paroles.

LVIII.

J'APERÇUS un château fameux, il manquoit une inscription au frontispice; j'y mis ces vers :

Mange dessous un dais, dors dedans un balustre;
Sois petit-fils de mille rois;
Si de l'humanité tu méconnois les loix,
Tu ne seras qu'un criminel illustre.

LIX.

QUEL vaste champ de vérités il reste à découvrir dans la morale, la physique, la géométrie! Nous sommes encore sur le bord d'une immense carrière, & vous vous donnez le nom de savans, messieurs de l'académie. Savans! Oh! renoncez à ce titre.

LX.

J'ENTRAI furtivement dans la chambre d'un poëte, disciple de Voltaire; il composoit une tragédie, & lisoit attentivement tous les poëtes tragiques; il en enlevoit des hémistiches qu'il écrivoit à part sur un cahier qu'il enfonçoit dans un tiroir reculé de son bureau. Je lui criai aux oreilles : tu pilles! Puis je disparus.

Je rencontrai un autre poëte qui sur douze tragédies n'en avoit qu'une qui n'avoit pas été sifflée. C'étoit par-là qu'il se pavanoit & qu'il s'estimoit un grand homme, & qu'il se mêloit d'apprécier les défauts de tous les ouvrages imprimés, à l'exception des siens.

Je le condamnai à parler dans une chaire, sur le génie, sur l'éloquence, sur la grace & la vie du style; c'est-à-dire sur tout ce qui lui étoit étranger; ce qui amusa le public & fit rire quelque tems.

LXI.

Je trouvai que les places des spectacles décens, étoient à un prix trop haut. Quand on a accoutumé un peuple à de certaines jouissances, c'est un crime d'abuser de son goût en les lui faisant payer cher. Il y a des habitudes que l'on doit respecter.

Et j'embrassai, sous le nom de jouissances, tabac, sucre, aromates, parfums, &c.

LXII.

Les corvées alloient mal; je les fis bien aller; je payai les travailleurs qui ci-devant travailloient mal, & faisoient de mauvaise besogne, parce qu'ils travailloient malgré eux & sans profit. Il n'en fut pas de même lorsque je portai un sac d'argent sous mon bras; je n'eus besoin alors que de la moitié des travailleurs. Libres & payés, ils abrégèrent le tems, & les chemins furent bien construits. Il falloit auparavant recommencer les chemins avec de nouvelles dépenses; il ne fut plus question de cela. C'est qu'il n'y a que la bonne volonté qui fasse bien aller les bras; & tant que vous contraindrez, vous n'aurez pas seulement de bons piocheurs.

LXIII.

J'APERÇUS une vilaine muraille, empreinte humiliante de servitude, qui coupoit désagréablement & gâtoit de belles promenades, qui interceptoit l'air & la vue, & parquoit des citoyens comme on fait des moutons. Jadis la Chine éleva une muraille contre l'invasion des Tartares. Ici c'étoient les Tartares qui avoient bâti la muraille odieuse. Or, comme un système financier est toujours petit, puéril, misérable; qu'il n'y a rien de si bas, de si cruel que cette espèce d'hommes, qui apportent les plus grands obstacles à la tranquillité & à la prospérité nationale, je condamnai tous les gens de finance à démolir cette muraille, qui chagrinoit un bon peuple, lequel étoit assez soumis, & donnoit assez d'argent pour qu'on lui épargnât cette douloureuse humiliation; car il la regardoit comme un malheur & comme un outrage.

Or, pourquoi faire de la peine à un peuple qui ne demande qu'à aimer, & qui paye avec gaieté, pour peu qu'on lui dérobe la vue des chaînes qu'il porte, ou qu'on les lui décore de quelques fleurs ?

Cloîtrer une ville immense & extrêmement peuplée, le centre & l'appui de toute la puissance royale & de toute sa grandeur, c'étoit déshonorer une capitale antique, flétrir les monumens qu'elle renferme dans son sein, diminuer l'admiration des étrangers, qui soupiroient comme les nationaux, en rencontrant sur une ligne circulaire les éternelles traces de l'impôt accablant. S'il faut qu'il existe, pourquoi du moins ne pas cacher aux yeux ce qu'il y a de triste ? pourquoi lui donner une surface aussi effrayante ? Si le citadin sortoit pour aller respirer l'air pur de la campagne, il rencontroit une clôture immense qui ne lui permettoit d'entrer dans les champs qu'après avoir trouvé difficilement l'issue rare ou étroite d'où l'impôt rigoureux sembloit lui crier encore par la bouche des commis ; « tu sors, en rentrant tu » seras fouillé ». Je partageai l'affliction du peuple, & ce ne fut pas infructueusement, graces à mon bras.

Celui qui avoit donné le plan & le projet de cette muraille, ayant dégradé le titre d'académicien, son nom n'en devint pas moins une injure,

& signifia dans la langue publique, « l'ennemi du bon peuple ».

LXIV.

Un boucher alloit tuer un veau, & son garçon levoit un coutelas pour éventrer un agneau. J'arrêtai leurs bras, & leur dis : qui vous a permis de tuer l'espèce-enfant ? Si on vous l'a permis, moi je vous le défends ; aucun de vous ne tuera ni veau, ni agneau ; personne donc ne lit dans l'avenir ; on ne donne pas le tems à la nature de réparer ses pertes. O prévoyance ! prévoyance ! que tu es rare parmi les hommes ! Ils ne songent point à la propagation de l'espèce, comme si la nature pouvoit suffire à leur avidité. Le Caraïbe vend son lit le matin, ne prévoyant pas qu'il en aura besoin le soir ; & l'homme en société, étourdi & sans prudence, ne prendra pas la moindre précaution pour conserver l'espèce. Il mangera les veaux, les agneaux, les poulets, & puis il s'étonnnera de n'avoir ni bœufs, ni moutons, ni poules. Ne ressemble-t-il pas alors au Caraïbe qui pleure le soir, parce qu'il n'a pas su prévoir le matin qu'il devoit se coucher à la fin du jour ?

LXV.

On confond quelquefois le devoir avec la vertu ;

parce que cela se ressemble. On couronnoit en ma présence une fille sage qui avoit fui les garçons ; une autre qui avoit soulagé son père, on la donnoit en spectacle. Rien ne prouvoit mieux la morale du siècle. Un prédicateur célébroit encore en chaire ces vertus, ignorées de celles qui les possédoient ; la vertu devenoit une représentation théâtrale. C'étoit bien, si l'on veut, mais cela ne me satisfit pas. Je respectai le seigneur, la rosière, le peuple qui l'environnoit. Cette fête pouvoit ramener au devoir, & cela suffisoit pour qu'elle ne fût point interrompue ; mais la vertu est au-delà du devoir. Je ne dis mot, car j'avoue que je n'avois pas assez de connoissances morales pour peser dans le dix-huitième siècle le devoir de la vertu. Tout ce que je sais, c'est que la vertu est au-delà du devoir, & qu'une rosière n'eût-elle fait dans toute sa vie qu'une bonne action morale, est bien au-dessus d'un gagne-prix d'académie.

LXVI.

Je vis un adolescent d'une physionomie intéressante, & je lui demandai : qu'apprenez-vous dans cette grande maison où je vois des grilles, des portiers, de longues robes noires ? — J'apprends du latin, me dit-il. — Ensuite ? — Du latin encore. — Quoi ! pas autre chose ? — Quelquefois

Songe XI.

quelques mots grecs. — Et c'est pour cela, mon petit ami, que vous avez quitté la maison paternelle, & les salutaires exercices de la campagne ?

Je m'adressai aux robes noires & je leur dis : qu'enseignez-vous à ces enfans qui sont dans l'âge de croître & d'apprendre ? Du latin, me dirent-ils, & un peu de grec, quand ils ont de la mémoire. Mes yeux étinceloient de colère : pédant ! m'écriai-je. — On ne nous paye que pour cela, me répondirent-ils en tremblant. Hé quoi ! dis-je, du latin ? N'y a-t-il plus ni art, ni métier, ni science exacte, ni membres à développer parmi cette jeunesse ? Que feront tous ces enfans de cette langue à-peu-près inutile ? Et les exercices du corps, & l'équitation, & l'art de nager, & les langues vivantes, & la connoissance des plantes usuelles, où tout cela s'apprend-il ? Les pédans restèrent muets.

Quoi ! voilà donc l'instruction publique ? Du latin ! L'instruction publique est restée au même point depuis nombre de siècles, & l'on pensionne des régens qui font leurs classes comme les chanoines disent leur office, & qui bornent à des phrases latines & insignifiantes tout ce qu'on peut enseigner dans le dix-huitième siècle. Quoi ! un établissement nationale s'est borné à ces petites idées pédantesques, & l'on parle de Rome à des enfans nés à Paris! Que leur fait Rome? Qu'y a-t-il de commun entre les devoirs de la vie civile & cette ancienne cité ? Que peut deviner le fils d'un bourgeois sur cette ancienne maîtresse du monde, & que rapportera-t-il pour son bien-être, de la fréquentation de ces auteurs latins ? Il perdra sa santé dans ces études stériles, & il sortira du collége avec cette sottise présomptueuse qu'il aura reçue de ses maîtres.

Soudain je fis un geste & je fis venir des écuyers avec des chevaux, des menuisiers, des charpentiers, des serruriers & quelques dessinateurs. Les enfans bondirent de joie en quittant la plume pour le marteau & le compas. Ils s'élancèrent sur les chevaux & leur visage triste s'anima des plus vives couleurs. L'escrime, le pugilat ne furent pas oubliés (1). Je donnai un métier à chacun de ces

---

(1) Le mot *virtus*, le mot *vir* dérive de *vis*, force, courage; c'est l'apanage du sexe viril, pour braver les périls, pour vaincre tout obstacle.

Dans les ouvrages les plus ordinaires, il faut joindre la force à la dextérité; par exemple, pour graver en taille-douce, pour broder des habits à l'aiguille, les maîtres & marchands brodeurs que j'ai vus à Lyon, emploient plus volontiers des garçons que des filles, quoique celles-ci leur coûtent un grand tiers de moins. *Vir magis patiens laboris quàm femina.*

Nulle vertu sans la force du corps & celle de l'ame. Les

Songe XI.

pauvres enfans, & ils n'entendirent plus parler de ce bas flatteur, de ce biberon nommé Horace, que les régens n'entendent pas eux-mêmes & qu'ils expliquent toujours, dans l'intervalle de leurs exercices. Un peu d'histoire naturelle amusoit ces jeunes gens & disposoit leur esprit à voir les merveilles de la création.

On étudioit leur goût, & dès qu'ils montroient un penchant décidé pour une science ou pour un art, on les livroit à des maîtres particuliers; ils étoient obligés, à vingt-deux ans, de voyager jusqu'à vingt-six, de s'éloigner de la capitale, & tous les huit jours ils devoient écrire ce qu'ils avoient vu, & c'étoit sur ces rapports qu'ils étoient jugés pour obtenir les places de la vie civile.

Les régens demeuroient stupéfaits autour de moi, & comme j'avois abattu leurs chaires, ils attendoient de moi un dédommagement. Peu leur importoit l'instruction, mais bien le revenu d'icelle.

---

sémi-talens ne sont tels que faute de courage & de force. Un Charles XII étoit tout nerf. Un Pierre-le-Grand avoit un corps robuste, un esprit plus inflexible que tout autre, un cœur plus ferme, plus constant, une volonté plus forte, une intelligence plus active que tous les Russes ensemble.

Comme on n'obéit qu'à la force, donnons-la donc au corps & à l'ame. Le courage se peut enseigner, je crois, comme l'équitation.

Et quelle histoire enseigniez-vous à ces pauvres enfans ? — Les histoires grecques & romaines, où il est dit à chaque page qu'il faut détester tous les rois, comme autant de tyrans ; qu'on a bien fait de chasser Tarquin, de tuer César ; que tous les conspirateurs furent de grands hommes ; que Caton, Brutus, qui se tuèrent, firent en cela de très-belles actions. — Et c'étoit le roi de France qui vous payoit pour enseigner à tous ces enfans le fanatisme d'une liberté imaginaire ? pour préconiser deux fois par jour les anciennes républiques ? pour rendre aux jeunes habitans de la bonne ville de Paris la royauté odieuse ? pour imprimer dans leur cerveau des idées absolument contraires au gouvernement sous lequel ils doivent vivre ? Ah ! si vous n'aviez pas été des maîtres ennuyeux & plats, que seroient devenus vos disciples avec des principes si opposés à la monarchie ? Mais heureusement ils n'ont pas entendu les auteurs que vous traduisiez (1).

---

(1) On lit dans l'histoire de Florence un fait qui mérite d'être connu. Un régent de collège en 1476, ayant pour souverain Galeas, duc de Milan, s'étoit prévenu jusqu'au fanatisme en faveur du gouvernement républicain. Sa tête exaltée par la lecture des auteurs grecs & latins, vantoit à ses écoliers l'avantage d'être né dans une république, & déploroit le malheur d'un sujet soumis à un souverain. Il
J'armai

Songe XI.

J'armai mon bras, & tous les collèges furent détruits pour faire place à des gymnases où rien ne contrarioit la liberté de l'enfance, le développement de ses forces physiques & encore moins de sa jeune raison avide & curieuse.

LXVII.

Trois armées dans une vaste plaine alloient combattre & s'égorger. Comme de toutes les extravagances humaines, celle-ci me paroît la plus forte, & que j'appelle démence & frénésie ce prétendue courage; comme l'esprit militaire me paroît être le souffle infernal sorti de l'abyme du péché & des crimes, pour souiller & flétrir les habitans de la terre; comme j'execre cette abominable fureur, je soufflai vîte sur les enseignes & sur les drapeaux, & tous devinrent d'une couleur uniforme.

Alors, ces insensés voulant se battre, ne le purent plus; car c'étoit la couleur des drapeaux &

échauffa tellement de ses idées trois de ses disciples, qu'ils firent serment entre ses mains, de délivrer la patrie du duc leur souverain, dès qu'ils seroient plus avancés en âge: ce qu'ils exécutèrent dans une église. Deux périrent sur le champ, le troisième qui n'avoit pas plus de vingt-deux ans, fut condamné à mort, & il répétoit pendant son supplice, qui fut long, les vers & les passages latins que son régent lui avoit enseignés.

P

des enseignes qui les portoit aux massacres & au carnage; & c'étoit pour cette couleur qu'ils alloient offrir leurs poitrines nues à des canons chargés à mitrailles.

Quoi! voir des meurtres & des assassinats dans un climat doux, au coin des bois revêtus d'une verdure éternelle, à côté des fleurs qui naissent au milieu d'un air parfumé? Quand tout respire la vie & la volupté, voir des hommes qui se cherchent pour se donner la mort, s'égorger sur les fleurs du printems? Quel contraste! Et comment l'homme repousse-t-il à la fois les bienfaits de la terre & ceux du ciel pour s'abandonner à la cruelle vengeance?

Mes bras d'airain n'étoient pas assez forts pour étouffer le monstre de la guerre; & sa force est tellement opposée à celle qui édifie les loix & les fait respecter, que je ne pus que la maudire & la dévouer à l'exécration des sages & à la justice céleste (1).

---

(1) Je voudrois du moins pouvoir rappeler ces combats, fréquens en Italie, où il n'y avoit qu'un seul homme de tué, quoiqu'on se fût battu pendant sept à huit heures: ainsi l'on faisoit encore la guerre en 1460. De bonnes armes défensives couvroient les soldats; un homme n'étoit pas tué aisément, & le suprême danger étoit de tomber de cheval.

Ces batailles non sanglantes, n'en étoient pas moins dé-

LXVIII.

Une foule de danseurs, de bateleurs, de musiciens subalternes peuploient les petites villes de province; une foule d'ouvriers inutiles, de coiffeurs, de perruquiers, &c. pulluloient jusque dans les bourgs; & voici que les campagnes n'avoient point de chirurgiens, ou, ce qui est pis encore, en avoient de mauvais. Quoi! tous les secours pour la capitale? Les gens de l'art réunis, pressés sur un seul point, il n'y eut plus de secours pour l'infortuné paysan, & l'art de guérir n'existoit pas pour lui. Les chirurgiens de campagne faisoient tout à leur aise des veuves & des orphelins; les accoucheuses estropioient les mères; il falloit dans certains cantons faire huit lieues pour aller trouver un Esculape barbare, qui, avec six volumes poudreux, quatre bouteilles de poison, une scie, une lancette & des grains d'émétique, faisoit marcher de front

---

cisives. Elles duroient un demi-jour : on se chassoit réciproquement du champ de bataille à coups de lances. Force contusions, peu ou point de sang répandu. Eh bien! ces batailles philosophiques que l'on doit regretter, que je regrette, opéroient en politique tout ce que font aujourd'hui canons, bombes, fusils & le massacre de vingt à trente mille hommes couchés dans une boue sanglante.

la médecine & la chirurgie. La moindre épidémie devenoit désastreuse ; la gangrene accompagnoit les moindres accidens ; & l'humanité succomboit tantôt sous le scalpel, remis entre les mains de l'ignorance, tantôt sous la lancette infatigable, tantôt sous un purgatif banal & violent.

C'étoit véritablement une désolation dans les campagnes que cette disette des gens de l'art; il n'y avoit de guérison que pour les villes opulentes. Un oisif des cafés, poids inutile de la terre, échappoit, dans une grande ville, à une maladie, qui, en le tuant, n'auroit causé aucun vide dans l'état ; il étoit sauvé, parce qu'il avoit pour voisin un homme de l'art ; & le robuste cultivateur étoit enlevé à l'agriculture, à sa famille, faute des secours les plus nécessaires. Les maladies des gens de la campagne étoient livrées au hasard, ou à des chirurgiens sans livres & sans médicamens. La mendicité honteuse devenoit la ressource de plusieurs orphelins, qui bientôt dans l'âge des passions, se faisoient brigands. Les bourgs étoient dévastés. Point de médecins que dans la capitale, ou dans quelques villes peuplées. Quand ils arrivoient à la suite du fléau qu'avoit annoncé la renommée, la mortalité avoit consommé ses ravages.

Cet inconcevable oubli me frappa d'indignation,

& fit monter à mes yeux les larmes de la douleur. Quoi, des académies & point d'élèves ! Quoi, tant de médecins, & point de sauveurs pour les campagnes ! J'appelai à moi tous ceux que ces abus devoient frapper, je leur criai : les hommes, les hommes utiles sont dans les campagnes, ils meurent ! Courez à eux, les lumières bienfaisantes reposent dans les villes, les ténèbres homicides enveloppent les bourgs & les villages ; répandez-vous hommes instruits. L'art qui guérit n'est-il donc fait que pour les riches ?

On accourut à ma voix ; ma douleur étoit si profonde qu'elle passa dans toutes les ames. On plaça un chirurgien d'une capacité reconnue, de quatre lieues en quatre lieues ; on lui assigna cent écus, qui furent pris sur les caisses des comédiens, baladins, histrions, sauteurs, voltigeurs & montreurs de marionnettes, par-tout le royaume ; & quand on vouloit ouvrir un bal dans une ville, on commençoit par mettre dans la bourse des chirurgiens & médecins des campagnes. Ce titre fut mis en honneur. Les médecins & les chirurgiens des campagnes, portèrent même un habit particulier, afin qu'on les reconnût & qu'on pût réclamer leurs secours : les médecins de la capitale faisoient ensuite chaque année une petite tournée dans différens cantons, pou surveiller les opérations les plus importantes à l'humanité & les plus inséparables du salut de l'état.

LXIX.

Je rencontrai le frère d'un homme qui la veille avoit monté sur l'échafaud : ce frère étoit un homme de bien. Accablé de ce coup, il marchoit tête baissée & n'osoit lever les yeux. Je suis avili, disoit-il. — Qu'est-ce que l'avilissement pour une faute qui n'est pas la tienne, lui criai-je ? Quoi ! quand l'opinion aura étendu son bras sur les malheureux humains, ceux-ci plieront le cou servilement, & se croiront dégradés ? Ils méconnoîtront leur dignité, leur liberté, leur indépendance ; ils se croiront vils, parce que l'injuste opinion d'autrui les aura souillés ? Ame humaine, image de ton Dieu ! les fautes sont personnelles ; ne dis pas, je suis vile ; car tu n'est pas vile pour le crime d'autrui. — Les hommes m'ont flétri. — Les hommes ! Relève-toi, relève-toi ; les hommes n'auront plus aucun pouvoir sur toi. Brave l'opinion qui choque la justice éternelle & la raison. On ne partage pas plus la honte de son frère, qu'on ne partage ses vertus. C'est une servilité que d'obéir à un tel préjugé ; il est aveugle, il est nuisible ; qui voudra l'anéantir, l'anéantira ; ne dis pas je suis avili, & tu ne seras point avili.

LXX.

Si tu avois pu t'approprier tout l'air falubre qui flatte les délicieux côteaux de la Seine & de la Loire, toi tu l'euffes fait. Et toi, fi tu avois pu renfermer le beau & vivifiant foleil dans ton parc & dans ton palais pour ton feul ufage, tu l'euffes renfermé, & tu n'aurois laiffé à ce peuple, dont le fang (à ce que tu crois) eft différent du tien, que la lueur du crépufcule, tu aurois voulu enfuite qu'on vantât ta noble clémence.

Et heureufement que toi, tu n'as pu dérober ni l'air, ni la lumière, ni les rayons argentés de la lune, ni les brillantes étoiles du firmament; & toi heureufement encore que tes longues & avides mains ont été trop courtes pour embraffer le globe de la terre; car il auroit fallu que la terre dans fon enfemble fût pour les defirs impérieux d'un feul homme fou & fuperbe.....

Mais qu'importe, la terre eft envahie; tout eft pris. Grands ! vous la poffédez & la partagez exclufivement. Il n'en refte que des lambeaux pour préferver de la difette, la plus grande portion du genre humain (1).

---

(1) Il y a felon moi contradiction entre naiffance &

Hauts & puissans larrons, sangsues opiniâtres, propriétaires durs, inexorables! par quelle fatalité faut-il que vous ayez tout, & que les autres hommes n'aient rien? Vous êtes maintenant applaudis, vous possédez l'abondance sans remords, en voyant la misère & l'indigence à travers les glaces transparentes de vos voluptueuses demeures; vous faites ouvrir sous le pas de vos rapides coursiers qui jettent l'écume, la foule have & maigre qu'on voit fuir de peur d'être écrasée; vous menacez à chaque minute les jours de vos concitoyens pour marier plus promptement les heures de vos délicieuses jouissances : mais ce tems sera de courte durée; la mort venge le genre humain; bientôt vos indignes ames s'envoleront nues, & toutes hideuses des crimes de votre in-

---

non-propriété. Celui qui en naissant sur terre n'a pas un endroit pour reposer sa tête, est nécessairement l'ennemi de ceux qui possèdent. Un Lapon en naissant a du moins pour apanage un renne; on lui assigne un second renne quand les dents lui percent; mais il y a en Europe des millions d'hommes qui viennent au monde sans pouvoir dire avoir un arbre en partage. Il y auroit un terrible livre à faire sur le mot propriété.

Les hommes les plus pauvres, sont encore chargés de nourrir & d'élever les hommes, qui, pour un modique salaire, serviront un jour la partie opulente. La société est un prodige.

sensibilité; elles s'envoleront pour répondre de toutes ces tyrannies publiques & particulières, infame tissu d'une vie personnelle; vos ames dures & froides rétrograderont loin du regard de la haute & adorable puissance qui compte les actions de chaque créature humaine, & qui retire son souffle divin aux méchans qui ont méprisé ou opprimé leurs semblables. Le maître, seul grand, seul adorable, vous précipitera dans le cercle de l'animalité; parce que vous aurez oublié la destination de l'homme & que sa vie doit être amour, tendresse, charité.

J'adressai ces paroles aux égoïstes du siècle, & je leur dis encore, vous n'avez pas voulu que tout le monde vive, & que chacun vive heureux; eh bien, vos ames seront flétries par la langueur & par l'ennui dans le sein même de l'opulence; puis elles frémiront un jour des basses actions où elles se seront plongées. Le tems fuit; demain votre orgueil sera confondu; demain vous ne serez plus hommes; jetés parmi les derniers êtres de la création.... J'ai lu votre arrêt dans le livre de la justice éternelle, dont je ne suis que l'ombre ici-bas..... Frémissez de la sentence qui vous rejettera de la vie sentimentale....

LXXI.

C'étoit à qui viendroit autour de moi se

plaindre de quelque imposture, ou de quelque vexation. L'élasticité de mes muscles d'airain, étoit dans une action perpétuelle, soit pour protéger les foibles, soit pour arrêter ou pour punir les prévaricateurs, lorsque la foule des coupables augmentant, ils firent un complot contre mon individu justicier.

Il étoit invulnérable; rien n'affoiblissoit son ressort & ne retardoit sa marche. Mais que fit la multitude des méchans? elle s'ameuta, s'attroupa, se concerta; elle inventa enfin une manivelle ingénieuse & perfide qu'elle me jeta de concert aux bras, aux cuisses, aux jambes. Mes bras étoient vissés, ils les dévissèrent; puis avec une lime sourde ils me scièrent les jambes, & une fois renversé, je me trouvai bientôt sans main & sans bras, car c'étoit-là ce qu'ils redoutoient le plus en moi.

Couché par terre je n'eus plus la force de punir le méchant. Il passoit à ma portée, & je n'avois plus que le mouvement de la langue & de la tête, je n'étois plus enfin qu'un simulacre, ce qui réduisit ma puissance à peu de choses.

Quand les hommes me virent en cet état, ils me bafouèrent; alors je fus réduit à proférer quelques vaines sentences qu'il n'écoutèrent pas, ou qu'ils firent semblant d'admirer pour mieux les enfreindre. J'avois auparavant une force coërcitive qui maintenoit ou rétablissoit l'ordre ; cette force s'étoit évanouie. Condamné à jeter dans les airs quelques paroles perdues, le chagrin que j'eus de voir le mal triomphant & de ne pouvoir le réprimer; l'insolence des méchans qui, en passant auprès de moi, rioient de mon courroux impuissant, irrita tellement les fibres généreuses de mon cerveau, que l'illusion se dissipa; je me réveillai & je me dis alors à moi-même, en poussant un long soupir: hélas! à quoi sert-il d'être un homme de fer invulnérable & de s'appeler Justice ? Les méchans, toujours plus adroits que les bons, sont habiles à se soustraire à la puissance des loix & ne manquent guère d'en venir à bout. Ils auroient sans doute beaucoup moins de peine à redevenir gens de bien qu'à travailler jour & nuit à ces machines odieuses, compliquées, qui ôtent bras & jambes à la Justice; mais telle est la profonde malice du cœur de l'homme, qu'il craint plus de s'améliorer que de faire la guerre à ce qu'il y a de plus saint sur la terre.

Pauvre Justice! les complots insidieux, les ruses abominables des fourbes ont fait de toi un corps mutilé, un tronc semblable à ceux qu'on voit dans l'attelier des sculpteurs. On aperçoit bien encore les muscles qui enfermoient ton cœur généreux & quels furent jadis ta souplesse & ta force; mais il faut que le coupable soit bien près de toi pour que ta voix terrible l'effraye, ou que tu puisses le punir par un mouvement énergique & prompt de tes membres à demi-mutilés. Le torse que Michel-Ange touchoit encore avec respect des ses mains défaillantes, est devenu, hélas! ton emblême.

Tu allois autrefois au-devant du coupable, il faut aujourd'hui qu'on l'amène & qu'on le traîne devant tes débris. Qui te rendra tes membres, ta force agissante, ta marche fière & rapide, telle qu'elle fut dans tes beaux jours?.... Le souverain qui te connoîtra, & qui sera assez vertueux pour devenir ton premier sujet.

LE MÉCHANT SERA SEUL,

SONGE XII.

JE rêvois que j'étois emporté par un pouvoir secret & irréfistible, à travers tout le brillant fyftême de la création, & que je parcourois une infinité de mondes dans un clin-d'œil : en approchant des bords de la nature, je découvris l'abyme ténébreux d'un vide fans fin, la redoutable région du filence ! folitude ! obfcurité ! une horreur inexprimable me faifit à cet afpect. Là finiffoit le féjour de la lumière & de la vie ; là expiroit le dernier rayon des foleils, & commençoit la nuit éternelle ; je reculai, j'étendis les mains vers les régions de l'exiftence avec une émotion profonde : mais tout-à-coup un ange noir me dit : Ce que l'on nomme enfer eft là : ce n'eft pas fans raifon que tout ton être fe foulève. Là le méchant eft feul ; il eft feul, & voilà fon fupplice : il n'a point vu fon femblable, fon femblable ne le voit plus : il n'a eu que des idées perfonnelles, il vit avec fes idées étroites ; il eft fon propre bourreau ; il n'a point connu la compaffion douce & attendriffante, fon cœur eft demeuré de pierre ; jamais l'enthoufiafme généreux ne lui a repréfenté tous les hommes comme un peuple de frères, il est séparé d'eux; loin de la joie aimable, il n'a point été bon, il est oublié de l'univers, il est seul, il n'aperçoit plus les mondes & les soleils créés par l'Être tout puissant : il sent encore la création, mais il n'existe plus pour elle; il est loin d'elle, il est hors d'elle, il vit avec son ame perverse & dure; il ne sauroit la contempler, il la déteste; il voudroit l'anéantir, il ne le peut pas; voilà l'enfer.

Le frisson que me causèrent les discours de l'ange me fit une impression si terrible, qu'en m'éveillant je n'eus point de repos, que je n'allasse embrasser un ami, & lire dans ses yeux l'expression du sentiment.

DE LA CUPIDITÉ,
SONGE XIII.

JE me trouvois dans un bois obscur, ne sachant de quel côté je devois tourner mes pas. Les rayons de la lune, rompus par la voûte d'un épais feuillage, jetoient une pâle clarté qui rendoit les ténèbres de la nuit encore plus effrayantes. J'avois la foiblesse d'un enfant qu'on a abandonné dans un désert. Tout me faisoit peur; chaque ombre me paroissoit un fantôme; le moindre bruit me faisoit dresser les cheveux, & je trébuchois à chaque racine d'arbre.

Des êtres aériens, que je ne pouvois ni voir ni palper, se rendoient mes guides sans mon consentement. Ils me faisoient mille contes ridicules, auxquels ils vouloient que j'ajoutasse foi; ils m'engageoient parmi des ronces & des épines; puis insultant à mon ignorance, ils rioient de leur malice & de ma crédulité. Non contens, ils me faisoient passer devant les yeux des bluettes perfides, pour m'étourdir ou pour me désespérer. Je voulois toujours avancer vers une lumière foible, mais pure, que je distinguois au bout d'une immense allée. Je hâtois mes pas; mais au bout de cette longue avenue, où je croyois tenir la sortie du bois, je ne trouvois qu'un petit espace vide, qui m'offroit une barrière impénétrable de bois encore plus ténébreux. Que de pleurs je versai dans cette nuit longue! L'espérance & le courage ranimèrent cependant mon cœur, & la patience & le tems firent luire enfin sur ma tête l'aurore du jour de ma délivrance. Je sortis de cette forêt sombre, où tout m'avoit effrayé, mais pour rentrer dans un autre séjour où tout m'étonna.

J'aperçus de vastes plaines enrichies des dons de la féconde nature; jamais un aspect aussi ravissant n'avoit frappé mes regards. J'étois las, j'avois faim; les arbres étoient chargés des plus beaux fruits, & la vigne s'élevant à la faveur de leurs branches, y attachoit ses grappes dorées, qui pendoient en festons. Je courus, transporté de joie, pour étancher ma soif, en remerciant dans le fond de mon cœur le Dieu créateur de tous ces biens, lorsqu'un homme singulièrement vêtu opposa un bras de fer à mon passage. Innocent, me dit-il, je vois bien que tu sors de l'enfance, & que tu ignores les usages de ce monde; lis sur ce portique de pierre, ses loix y sont gravées; il faut t'y soumettre ou mourir.

Je

Songe XIII.

Je lus avec un étonnement inexprimable que tout ce vaste & beau pays étoit ou loué ou vendu; qu'il ne m'étoit pas permis d'y boire, d'y manger, d'y marcher, même d'y reposer ma tête, sans la permission expresse du maître. Il étoit possesseur exclusif de tous ces fruits que mon estomac à jeun convoitoit vainement; & dans toute l'étendue de ce globe, je n'avois pas un point pour asyle, pas une pomme en propriété; tout étoit envahi avant mon arrivée.

J'allois mourir de faim, faute de certaines petites boules de vif-argent, fort subtiles à se perdre, que me demandoit cet homme dur pour troquer contre les fruits nourriciers que produisoit la terre. Je disois en moi-même : Cet homme n'a pas plus de droits que moi sur ce terrein; voilà un tyran assurément; mais je suis le plus foible, il faut se soumettre.

J'appris que, pour avoir quelques-unes de ces petites boules si fugitives, il falloit se mettre une grosse chaine de fer autour du corps, au bout de laquelle pendoit encore un boulet de plomb, plus pesant au centuple que toutes les petites boules qu'on pouvoit jamais recevoir. En effet, je remarquai que l'homme qui m'avoit arrêté étoit suivant l'ordre. Il vit l'embarras où j'étois, & me dit d'un ton charitablement impérieux : Si tu veux

Q

manger, tiens, moi je suis bon, approche, mets-toi au cou un anneau de cette grosse chaîne, en attendant que tu y prennes goût. Je mourois de faim ; je ne balançai point.

En me présentant de quoi manger, il accompagna ce don d'une rude chiquenaude sur le bout du nez. Je murmurai beaucoup, & je mangeai de même. Je grondois encore entre mes dents, lorsque je fus fort surpris de voir un autre homme, encore plus chargé de chaînes que le premier, appliquer à celui-ci un large soufflet qu'il reçut humblement en baisant la main qui l'avoit frappé. Il est vrai qu'en même tems il recevoit beaucoup de ces petites boules de vif-argent, qu'il sembloit idolâtrer.

Oubliant alors mon ressentiment, je ne pus m'empêcher de dire à celui auquel j'étois attaché : Comment, vous souffrez un pareil affront ? Pourquoi cet homme a-t-il l'insolence de vous outrager ? Il me regarda en ricanant, & me dit : Tu as l'air bien neuf, mon ami ; apprends que telle est la mode du pays : tout homme en place qui donne, satisfait toujours, & au même instant, son orgueil ou sa dureté aux dépens de celui qui reçoit ; mais c'est, comme on dit, un prêté rendu. Quoique j'enrage du soufflet que je viens de recevoir, je ne fais semblant de rien, par la raison que

Songe XIII.

celui qui me l'a donné en a reçu bien d'autres, & que j'espère moi-même en distribuer un jour tout à mon loisir. Mais, malheureux que je suis ! à peine ai-je pu jusqu'ici donner par-ci-par là quelques misérables chiquenaudes. Quoi ! ce langage te rend stupéfait ? Pauvre jeune homme ! il n'est pas tems encore de t'étonner : oh ! tu en verras bien d'autres. Allons, suis-moi.

Je le suivis. Vois-tu, me dit-il, dans le lointain ces montagnes éscarpées. L'un de leurs sommets est élevé presque dans la nue ; eh bien ! là réside l'objet éternel des desirs de tous les hommes ; là jaillit d'entre les rochers une fontaine abondante de cet argent subtil, dont je n'ai, hélas ! que quelques gouttes. Viens avec moi ; franchissons les obstacles, combattons ; supporte la moitié des chaînes dont je vais me charger ; plus elles seront pesantes, & plutôt nous parviendrons. Oh ! si je peux jamais puiser à souhait à cette heureuse fontaine, je te jure que je t'en ferai part.

La curiosité, encore plus que la nécessité fatale où j'étois, m'entraîna sur ses pas. Dieu quel chemin de fer ! quelle cohue ! que d'affronts & de peines ! Je cachois la rougeur de mon visage sous le poids de mes chaînes. Mon conducteur affectoit une mine riante ; mais je le surprenois quelquefois se mordant les lèvres jusqu'au sang, &

se désespérant à voix basse, tandis qu'il me crioit tout haut, courage, ami, cela va bien. L'avidité lui donnoit des forces surnaturelles; & comme ma chaîne étoit liée à la sienne, il me traînoit après lui. Nous arrivâmes au pied de la montagne; c'étoit bien un autre tumulte. Les vallons étoient couverts d'une multitude d'hommes qui s'agitoient avec leurs fers, & qui s'arrachoient, avec toute la civilité possible, quelques gouttes de ce vif-argent qui s'écouloit de la fontaine.

Il ne me paroissoit guère possible de traverser cette foule impénétrable, lorsque mon conducteur, avec une audace téméraire, se mit à violer le droit des gens. Il frappa à droite & à gauche avec toute la violence de la cupidité; il foula inhumainement aux pieds ceux qu'il avoit renversés. Je sentis, en frémissant, que je marchois sur les entrailles palpitantes de ces malheureux. Je voulois reculer, mais il n'étoit plus tems, j'étois entraîné malgré moi. Nous étions couverts de sang; l'horreur de leurs cris plaintifs & de leurs malédictions me glaçoit d'effroi. Nous parvînmes de cette horrible manière sur une petite colline; il me regarda d'un œil de complaisance. Nous prospérons, me dit-il; le premier pas est fait, le reste ne doit pas nous effrayer. Vois-tu comme nous les avons fait rouler les uns sur les autres ? Ici, c'est autre chose;

Songe XIII.

nous sommes près de la fontaine : il ne faut plus aller si fort; il faut, avec une finesse adroite, étudiée, savoir donner le coup de coude à propos ; toujours sans quartier; on n'en abîme pas moins son homme : mais ce qu'il faut éviter avec le plus de soin, c'est le scandale. Tel est l'art du courtisan.

J'avois le cœur trop serré pour lui répondre un seul mot. J'étois stupéfait de me voir attaché à lui : je redoutois à chaque moment qu'il ne voulût me prouver qu'il avoit raison d'en agir ainsi; car il avoit beaucoup d'exemples qui lui sembloient favorables. Quel spectacle! quel tumulte! que de scènes diversement affreuses! Toutes les passions venoient marchander tous les crimes. On n'avoit des vertus que pour les vendre, & sans ce trafic elles passoient pour ridicules. Un fantôme noir avoit pris le masque de la Justice, & remplissoit sa balance sacré de poids mercenaires. Des hommes encore couverts de la boue d'où ils sortoient, étoient honorés, & insultoient à la misère publique.

D'autres se frottoient le corps avec ces boules de vif-argent, & marchoient la tête levée, l'orgueil dans les yeux, la débauche dans le cœur. Ils s'estimoient supérieurs aux autres hommes, & méprisoient quiconque n'étoit pas blanchi comme eux. S'ils ne donnoient pas toujours des soufflets à ceux qu'ils rencontroient, leur geste étoit une offense, leur sourire un outrage : mais souvent ce vif-argent s'usoit; & ces mêmes hommes si fiers, si durs, redevenoient bas, soumis, rampans. On leur rendoit alors avec usure le dédain dont ils avoient fait parade; la rage les transportoit secrètement, & les iniquités ne leur coûtoient rien pour remonter à leur premier état. Il faut avouer aussi que ce vif-argent si funeste leur avoit monté à la tête, de sorte qu'ils en avoient perdu la raison. J'en vis un qui étoit descendu du sommet. Opprimé sous le poids qui l'étouffoit, immobile & comme en extase, il contemploit son corps argenté, & ne vouloit ni boire, ni manger. Je voulus l'aider à se relever; il crut que je venois pour le voler, il m'opposa un poing fermé pour défendre son vif-argent, & en même-tems il me tendit une main suppliante d'un air piteux, me priant de l'assister d'une petite boule, & qu'il mourroit content.

Un peu plus haut, quarante hommes insatiables, à l'œil avide, emportoient dans des tonneaux une quantité prodigieuse de ce métal. Il n'avoit pas été puisé à la source; il avoit été arraché des mains foibles des femmes, des enfans, des vieillards, des cultivateurs, des pauvres; il étoit teint de leur sang, & arrosé de leurs larmes. Ces exacteurs avoient à leur solde une armée qui exerçoit le brigandage en détail, & pilloit les foyers de l'indigence. Je remarquai que ceux qui possédoient abondamment de cette matière n'en étoient jamais rassasiés; plus ils en avoient, plus ils étoient durs & intraitables.

Cependant mon conducteur ne voyoit, dans ces objets, que des motifs d'émulation. Allons, allons, me dit-il, tu rêves, je crois, avec ton œil fixe & observateur; avançons. Vois-tu à travers ces rochers quel objet ravissant? Vois-tu couler à grands flots cette source éblouissante? Elle se précipite en cascades. Ah! courons; je crains qu'on ne la tarisse. Que de monde se la dispute! Mais en même-tems prenons garde à nous, nous n'y sommes pas encore; les derniers pas sont les plus dangereux. Combien, faute de prudence, sont tombés du faîte dans l'abîme! En y renversant les autres, garantissons-nous d'une chûte horrible; il faut profiter habilement des malheurs d'autrui. Viens, j'ai découvert un chemin qui nous conduira plus sûrement au terme desiré.

En me parlant ainsi, il me conduisit par un petit sentier que peu de personnes osoient suivre; c'etoit une espèce d'escalier tortueux, étroit, percé dans le roc, & couvert en voûte. Nous avançâmes quelque tems; mais bientôt le chemin se trouva barré par trois figures du plus beau marbre blanc.

Il n'y avoit que leur blancheur éclatante qui pût détourner l'esprit de l'idée de chair, tant elle étoit exprimée avec vérité & avec grace. Ces trois figures se tenoient les bras entrelacés, & unies entr'elles comme pour fermer le passage aux mortels imprudens. Elles représentoient la Religion, l'Humanité, la Probité. Au bas étoit écrit: « Ces figures » sont le chef-d'œuvre de l'esprit humain; les » originaux en sont dans les cieux. O mortels! » respectez ces images; qu'elles soient sacrées pour » vous, puisqu'elles sont faites pour vous arrêter » dans le chemin perfide qui conduit aux abîmes. » Malheur à qui ne sera touché, & maudit soit » à jamais le sacrilège qui osera les endom-» mager » !

Je sentis à cette vue une émotion respectueuse, mêlée d'amour. Je regardai mon conducteur, il me parut un instant aussi troublé qu'indécis; mais ayant entendu des cris sur une nouvelle éruption de la fontaine, son visage se colora d'un rouge noir; il saisit une pierre qu'il détacha du roc. En vain je cherchois à l'arrêter; il brisa ce monument sacré avec une fureur impie, & passa outre sur ses débris. Mes efforts redoublés & contraires aux siens, brisèrent enfin la chaîne odieuse qui m'attachoit à ce monstre. Va, lui dis-je dans mon indignation, homme effréné, va, cours satisfaire ta

Songe XIII.

cupidité; la foudre de la justice divine est prête.....
Il ne m'entendoit déjà plus; je le suivis des yeux : le malheureux, égaré par son forfait, en voulant puiser trop avidement dans cette fontaine funeste, s'y précipita en aveugle. Emporté par le torrent dont il avoit fait son dieu, il fut brisé sur les pointes des rochers, & son sang en rougit pour quelques momens l'éclatante blancheur.

Et moi, saisi, tremblant, je contemplois ces débris adorables, épars sur la terre, craignant de les fouler, n'osant faire un pas. Des larmes d'affliction ruisseloient de mes yeux; je regardois le ciel, les mains jointes, le cœur navré de douleur, lorsqu'un pouvoir divin les rassembla tout-à-coup, aussi belles, aussi majestueuses, aussi touchantes qu'auparavant. Je me prosternai devant ces effigies sacrées. Pompeuses, inébranlables, elles ne seront jamais détruites par la main du sacrilège & de l'impie.

LE DERNIER JOUR,

SONGE XIV.

JE rêvois que j'étois enchaîné dans une stupeur immobile, qu'un silence éternel & profond m'environnoit; & je commençois à m'alarmer de cet état, lorsque j'entendis le son foible d'une trompette qui sembloit retentir dans l'éloignement; ce son augmenta par degrés, devint formidable, & tout-à-coup je reconnus, avec effroi, le son de la trompette universelle!

Ce son terrible brisoit la pierre des tombeaux, & réveilloit la race humaine ensevelie depuis l'origine du monde: je me levai du fond de mon sépulcre, & j'entendis une voix qui crioit, « humains, vous pouvez choisir, de retomber dans » le néant, ou de vous élever avec confiance vers » le Dieu qui vous jugera ».

Aussitôt je vis de grandes figures qui s'élevoient avant les autres, & qui se couvrant le visage de leurs mains noires & desséchées, s'efforçoient de crier, le néant, le néant. C'étoient Néron, Caligula, Domitien, Tibere, Philippe II, tous les méchans rois, & leurs ministres plus coupables encore, tous les vexateurs des peuples, tous les monstres enivrés de sang, tous ceux enfin qui avoient tramé des conspirations contre la liberté, contre le bonheur de l'homme : ils avoient effroi de leur propre existence, ils imploroient la nuit du néant, comme devant les dérober à eux-mêmes.

Les bons & les justes s'écrioient, « nous crai-
» gnons Dieu, mais nous nous confions en sa
» clémence : qu'il nous châtie, mais qu'il ne
» nous anéantisse pas ».

Un ange, aux aîles étendues, dont l'envergure embrassoit la voûte du firmament, répétoit pour la seconde fois ces paroles; & la foule des assassins, des calomniateurs, des ingrats, des égoïstes, des parens dénaturés, des amis perfides, crioit de son côté, le néant, le néant, & avoit peur de n'être pas exaucée : les justes, levant leurs timides regards vers la splendeur éternelle, disoient, « la vie, la vie à venir ».

La différence de ces acclamations servit à séparer le troupeau des humains : je vis d'un côté les empoisonneurs, les parricides, les fourbes, les imposteurs, ceux qui avoient reçu de l'or pour leurs sentences iniques; je vis de l'autre les philosophes, les ministres équitables, les écrivains généreux, tous ceux que la charité avoit animés : cette séparation étoit un jugement irrévocable, que chaque homme avoit pour ainſi dire dicté; le cri de la conſcience avoit formé l'arrêt éternel : je vis une balance qui touchoit à la voûte des cieux, & qui penchoit dans les abîmes de l'eſpace. Ceux qui avoient demandé la vie, montèrent vers les voûtes radieuſes, où je les perdis de vue; les autres s'enfoncèrent dans des gouffres ténébreux, d'où j'entendis ſortir des gémiſſemens qui reſſembloient aux accens prolongés du déſeſpoir.

L'OPULENCE,
SONGE XV.

JE me trouvois dans un laboratoire de chimie. Un petit homme pâle rêvoit attentivement près d'un fourneau sur lequel étoit une vessie de cuivre rouge. La réverbération du feu illuminoit sa face blême; il avoit les cheveux hérissés, la barbe longue & négligée; un masque de verre lui couvroit le visage, & il étoit ceint d'un linge sale. Dès qu'il m'aperçut, il porta le doigt sur sa bouche.

Je me tus. Il souffla pendant quelques minutes, & tout-à-coup regardant au ciel, il me montra un nuage noir & orageux; il prêta l'oreille, en disant: Il tonne; bon! La joie brilla sur son visage terne. Voici un orage, ajouta-t-il, sortons.

Un éclair vint à luire; il me prit par la main: » Ah, que cela est heureux! Le tonnerre va » gronder dans les airs, & peut-être..... Soyons » en plein air ». Il sembloit vouloir aller au-devant de l'orage: il monta sur une colline; il tendit les bras à un homme qui venoit de loin. L'homme qui l'aperçut lui fit signe, & courut à nous. Tout-à-coup un sillon de feu s'échappa de la nue embrasée, tomba sur l'homme qui couroit & le consuma comme un phosphore. Le chimiste jeta un long cri de joie, accourut sur la place où le feu du ciel avoit décomposé ce corps humain; il se baissa, ramassa une petite pierre triangulaire, & se relevant, s'écria : « Nous n'avons plus besoin » de rien, voici la pierre philosophale »..... Et comment est-elle là plutôt qu'ailleurs ? Oh ! reprit-il, depuis quarante ans je guette la foudre & le tonnerre; ce grand œuvre, qu'on cherche depuis si long-tems, ne peut s'opérer que par la décomposition subite & instantanée d'un homme : c'est la foudre qui seule est capable de fondre cette matière précieuse.

Il me mit en main cette pierre philosophale; & tandis qu'il faisoit des gestes qui exprimoient les divers mouvemens qui naissoient dans son ame, un second coup de foudre, plus terrible que le premier, le décomposa à son tour. Je ne fus pas tenté de regarder sur la place pour voir si j'y trouverois une seconde pierre, sans doute plus parfaite, puisque l'homme, qui en auroit fourni la matière, étoit un philosophe. Je me sauvai précipitamment, ayant en main la pierre dont j'avois hérité par un coup aussi extraordinaire.

J'allai m'établir dans une grande ville, où je

Songe XV.

louai un galetas spacieux : j'achetai toute la boutique d'un chauderonnier ; & le soir même, la porte bien close, je métamorphosai toutes les marmites en or pur ; je les brisai, ou plutôt je les sciai, & avec ces fragmens précieux, j'eus en peu de tems des sommes prodigieuses.

Alors tout le monde me fit la cour : j'eus un hôtel, un cuisinier, des voitures distinguées par la souplesse des ressorts. Les femmes me trouvèrent unique, & le peu d'esprit que j'avois devint du génie.

J'étois garçon, & c'étoit à qui m'épouseroit. On employa toutes les minauderies pour parvenir à ce but ; les éloges pleuvoient, les attentions n'avoient point de fin. Au milieu de toutes ces demoiselles coquettes, ambitieuses, qui recherchoient ma main & qui déployoient une artillerie de soupirs & de graces artialisées, je pris une petite personne à l'air ingénu, qui ne m'avoit adressé ni paroles ni regards.

Mes nôces furent pompeuses, éblouissantes, & je me félicitois d'avoir choisi, parmi ce nombre prodigieux de filles, celle qui paroissoit la plus modeste & la plus timide.

Un généalogiste me découvrit un ancêtre tué à Cerisoles, & me gratifia d'un écu à trois pals flamboyans de sable sur un champ d'or. Pour mon épouse, on la fit descendre de Froïla Ier, quatrième roi des Asturies.

J'étois couché auprès d'elle dans un lit magnifique, & je contemplois la somptuosité de mes meubles, lorsque je vis entrer une foule de vampires qui se mirent à démeubler mon appartement. J'avois beau leur faire signe de discontinuer; ils enlevoient tout, en me faisant de profondes révérences. Tous les gens de ma maison, en m'appelant monseigneur, chargeoient leurs mains de quelques-uns de mes effets. Des robes noires, des robes rouges, mille gens que je ne connoissois pas, venoient réclamer leur part, & chacun s'emparoit de ce qui m'appartenoit : on me montroit des papiers qui avoient la vertu d'enlever à mes yeux tous mes meubles. Je vis emporter jusqu'au coffret où étoit ma pierre précieuse; il fut saisi par une figure d'homme qui tenoit en main une verge, & qui crioit justice!

Alors je me retournai vers ma bien-aimée, & lui dis dans l'effusion de mon ame : Les vampires m'ont tout emporté, mais tu me restes. Je la vis pleurer. Je crus que c'étoit d'attendrissement; mais ma moitié, si douce, si ingénue, s'arracha de mes bras, parcourut l'appartement avec le geste & l'œil d'une mégère, & voyant qu'il étoit dégarni, sauta sur une bourse que les vampires

avoient

Songe XV.

avoient oubliée dans une des poches de ma veste, vint à moi, m'appliqua un vigoureux soufflet, & disparut.

Encore tout étourdi de cette scène, je me levai sur mon séant pour courir après ma femme, car je l'aimois. J'étois devenu un peu gros par la bonne chère, lorsqu'un petit vampire, plus maigre encore que les autres, s'élança sur moi, & me suça tout vivant. Il se gonfloit sur mon corps à mesure que je maigrissois; il me dessecha des pieds à la tête en se remplissant de mon sang, & je devins si léger que le vent m'emporta de dessus mon lit magnifique aux riches courtines, & que je sortis par la fenêtre. Je voltigeai quelque tems dans l'air, & je tombai sur un rocher nu, qui, par bonheur, servit à m'éveiller.

L'ENVIE,
SONGE XVI.

Dès que l'Envie ne peut se satisfaire, elle répand la bile sur la superficie du corps ; mais principalement sur le visage : ainsi un auteur jaloux a un teint de safran, & il faudroit comparer le visage de plusieurs poëtes, au souci & à la jonquille, ainsi que l'on compare le teint d'une belle, à la rose & au lys.

L'auteur jaloux se soulage par des critiques amères : il exhale le dépit qui le ronge, & la médisance devient pour lui un triste besoin. Je reconnois dans la société un homme qui a des prétentions à l'art d'écrire, & qui s'en escrime sans oser encore l'avouer ; je reconnois, dis-je, cet auteur honteux, à la manière dont il parle de ceux qui marchent dans la carrière à front découvert. Si l'épigramme tranchante perce dans ses discours, il ne tardera pas à produire aussi un ouvrage. Les véritables gens de lettres sont modestes & prononcent avec modération ; ceux qui en usurpent le titre, sont travaillés de je ne sais quelle jalousie, qui rend leurs jugemens durs & insupportables.

L'Envie, Songe XVI.

Je m'endormis hier en traçant ces mots, lorsqu'un songe me transporta dans un désert effroyable : je vis tout d'un coup s'avancer vers moi une des plus affreuses figures que l'imagination puisse se représenter : elle étoit livide du pied à la tête; la peau de son visage étoit couverte de mille rides; ses yeux étoient enfoncés dans leur orbite & lançoient un feu pâle : elle me dit : « j'ai à te mon- » trer un objet encore plus hideux que moi ». Grand-merci ! lui criai-je ! mais elle m'ouvrit une caverne & je vis dans le fond, un monstre féminin qui vomissoit sans cesse de petits monstres qui grandissoient : ces monstres naissans avoient une gueule serrée qui mordoit tout ce qu'ils rencontroient; mais leurs dents quoiqu'incisives, s'émoussoient & tomboient : le monstre femelle étoit environné d'une multitude de dents rompues.

Tu vois l'Envie, me dit la figure conductrice: ses yeux tantôt fixes, tantôt détournés, étoient pleins de fureur & de malignité : le monstre appliquoit à sa prunelle, qui avoit un mouvement convulsif, une espèce de microscope qui grossissoit les défauts & atténuoit les bonnes qualités.

L'Envie devint un prothée ; mais une voix terrible qui partoit de la voûte du ciel, lui cria à plusieurs reprises, « prends un état sur la terre,

» ou tu vas rentrer pour jamais au fond du
» Tartare ».

Je crus que le monftre dans une nouvelle métamorphofe, alloit fe faire peintre, poëte, ou académicien; il héfita à prendre le mafque de comédien, puis il balança pour s'emparer du bâton de général d'armée, mais à ma très-grande furprife, il endoffa tout-à-coup la robe d'un médecin.

LES LUNETTES,

Imitation de......,

SONGE XVII.

J'AVOIS vu un de ces fripons ambulans qui se vantent de prédire l'avenir : tandis qu'il mentoit impudemment & qu'il exerçoit sur des ames livrées à la curiosité & à la terreur, cet ascendant singulier que les plus vils des hommes savent prendre sur la foiblesse des hommes supérieurs, ordinairement inquiets sur leurs destinées, je me disois : ce fourbe est un imposteur ; mais si sa science n'étoit point vaine, ne seroit-il pas utile de pouvoir deviner quelque chose des évènemens futurs ? la prudence n'est-elle point déjà une manière d'apercevoir ce qui peut arriver, & cet instinct qui nous avertit de ce qui peut nous être dommageable ? & ces pressentimens secrets ne sont-ils pas un sens intérieur, qu'un plus haut degré d'attention pourroit perfectionner ? Le passé, le présent ne font rien pour nous, en comparaison de cet avenir qui devient le but de nos pensées & de nos travaux : mais, tandis que les tems passés viennent se réunir comme en un seul point dans le foyer de notre mémoire, l'avenir est comme un mur impénétrable où se brise la perspicacité. Ne seroit-il pas à désirer que nous pussions entrevoir une partie de nos destinées futures, afin de mieux prêter le flanc aux évènemens qui nous attendent?

Je m'endormis dans ces idées, & je me trouvai dans une vaste bibliothèque. Je voulus ouvrir quelques livres, mais tous se trouvèrent scellés: je n'en aperçus qu'un qui étoit ouvert sur une table: j'y portai les yeux & je lûs le conte suivant, que j'ai transcrit à l'instant de mon réveil.

Un jour Xuixoto, dieu des Indes & de la terre, du haut de son palais aérien, jeta les yeux sur le genre humain, qui ne paroissoit à ses pieds que comme une fourmillière qui se meut & bourdonne; il appliqua un cornet à son oreille, & fut surpris des plaintes continuelles qui perçoient de toutes parts: ici des murmures, là des imprécations; tout ce qu'il avoit fait n'étoit point bien fait; des clameurs insensées s'élevoient contre toutes les parties de son ouvrage; on mettoit en doute sa bonté & sa justice; le petit peuple, malgré ses pieuses momeries, n'étoit pas celui qui proféroit le moins de blasphêmes; mutin dans son ignorance, il prioit & murmuroit pour ceux qui prenoient le nom pompeux de philosophe; il mêloit à leurs raisonnemens les railleries les plus amères; tout étoit affreux dèsqu'ils avoient mal aux dents; & lorsqu'il tonnoit, leur orgueil étoit blessé d'entendre une voix si majestueuse gronder au-dessus de leur tête. Si Xuixoto eût daigné prendre leurs avis, ce monde auroit bien mieux été arrangé; mais tous ces raisonneurs ineptes ou orgueilleux, fanatiques ou téméraires, sembloient réunir leurs clameurs pour former une seule & même plainte; pourquoi l'avenir est-il fermé à nos yeux? Si nous pouvions lire dans le tems futur, nous éviterions les fausses démarches, nous préviendrions mille accidens, où notre propre prudence ne sert souvent qu'à nous précipiter; enfin, nous nous arrangerions d'après la nécessité absolue des évènemens, au lieu qu'errant dans des ténèbres épaisses, la crainte de l'avenir empoisonne nos jours, & nous ne vivons jamais dans le moment présent.

Qu'on apprenne à ces insensés, dit Xuixoto dans son courroux paternel, que si l'avenir leur est caché, c'est pour leur bien, & qu'il seroit malheureux de le connoître.

Oradou, premier ministre de ses volontés, reçut aussitôt l'ordre de publier à son de trompe, que quiconque sur le globe auroit à se plaindre de son sort, eût à se trouver au pied de la montagne Valépusi, & que Xuixoto en personne daigneroit leur répondre.

La résolution du dieu des Indes étonna la race des hommes, & nos déclamateurs en demeurèrent interdits : si Xuixoto alloit acquiescer à tous leurs vœux, ils n'auroient pas d'occasions d'exhaler leurs satyres & leurs bons mots. Eh, quel bien pouvoit compenser cette perte ! D'ailleurs l'irrésolution dominoit chaque individu, & il ne savoit plus au juste ce qu'il vouloit demander; tous formoient des vœux différens : on se parloit on s'échauffoit sans rien conclure.

Chacun présenta donc une requête différente, mais tous s'accordèrent à supplier Xuixoto de soulever le bandeau qui leur cachoit l'avenir. Le jour marqué, où leurs plaintes devoient être admises, arriva, & les environs du mont Valépusi se trouvèrent peuplés d'une multitude innombrable; c'étoit l'assemblée des mécontens.

Il est inutile de dire que le tonnerre précéda la descente de Xuixoto, qu'il étoit assis sur un nuage étincelant, que des éclairs partoient de ses yeux, que la foudre éclatoit entre ses mains, & que dès qu'il remua le sourcil, la terre & ses habitans tremblèrent ; Zélon même, ce philosophe si audacieux la plume à la main, tomba sur

Songe XVII. 265

ses genoux, saisi d'un mortel effroi: le dessein de Xuixoto n'étoit pas d'exterminer la race des hommes, mais de leur montrer seulement ce qu'il étoit lorsqu'il s'armoit dans sa colère; il sourit, & le tonnerre enchaîné par ce signe, ne frappa plus les montagnes que d'un bruit expirant. Zélon reprit courage, il avoit vu Xuixoto sourire, & une lumière céleste avoir banni la crainte qui s'étoit emparée de tous les cœurs: un cri confus s'éleva & dit: que nos destinées futures nous soient révélées! que nous sachions tous ce qui nous doit arriver.

Xuixoto répondit avec le sourire tendre & fier de la compassion: foibles mortels, vous le voulez, je remplirez votre demande, vous connoîtrez l'avenir; mais si dans les regrets qui troubleront le moment de votre félicité présente, vous gémissez; gémissez alors sur vous-mêmes, & souvenez-vous que ce ne fut pas Xuixoto, mais votre curiosité imprudente, qui prépara votre infortune.

Alors il donna ses ordres à Oradou son ministre, qui se mit à distribuer des lunettes à deux verres, lesquelles avoient une double vertu; elles montroient d'un côté la somme du bonheur dont on pouvoit jouir, & de l'autre on apercevoit toute l'étendue du malheur qu'on avoit à craindre.

Après avoir fait ces dons aux mortels, dons qui lui furent arrachés par d'importunes clameurs, le Dieu remonta lentement dans les cieux au milieu des éclairs, & dans le même appareil qu'il étoit venu; mille cris de joie & d'actions de grace l'accompagnèrent jusques sous les arcs lumineux de son palais.

Les hommes firent éclater ces transports d'alégresse, parce qu'il avoit exaucé leur folie: si Xuixoto eût fait descendre sur eux un bienfait réel, mais caché, tout le peuple auroit murmuré; tant notre ignorance s'étend jusques sur la connoissance de nos vrais intérêts!

S'il faut en croire l'histoire, bien en prit à Oradou d'être de substance céleste; car la foule qui le pressoit pour avoir de ses lunettes, étoit si grande, qu'infailliblement un corps mortel y auroit succombé.

Quand j'aurois cent langues, il me seroit impossible de raconter les effets divers que produisirent ces merveilleuses lunettes. Je ne puis que me borner à quelques traits singuliers.

Aline, jeune beauté de seize ans, fut la première qui satisfit son desir curieux: elle s'étoit collée aux vêtemens du ministre, & avoit arraché les lunettes de sa main avec une espèce de violence: vive, folâtre, éblouissante, ennemie de tout ce qu'on nomme chagrin, réflexions, ennuis, elle évitoit jusqu'à l'ombre du férieux ; elle n'appliqua point à son bon œil le verre qui prophétisoit les fortunes, mais plutôt le verre fortuné qui présentoit le bonheur : comme son cœur palpita de joie, lorsqu'il aperçut une félicité telle qu'elle la desiroit ! elle se vit belle, mais belle jusqu'à exciter la jalousie de l'amitié ; les yeux de ses rivales s'enflamment de courroux à l'aspect de ses charmes ; les princes de la terre, les héros du siècle tombent à ses genoux : Aline triomphante, dans l'ivresse de l'orgueil & de la gloire, se crut l'ame assez forte pour soutenir le verre opposé ; elle n'y jeta qu'un coup-d'œil, & poussa un cri perçant : hélas ! ce règne si flatteur ne devoit durer que dix-huit mois ! cette maladie terrible qui détruit la beauté, devoit un jour creuser ses joues polies, grossir ce nez fin & minutieux, & sillonner ce front si plein de graces. Aline a mille adorateurs, mais elle est dévorée d'un chagrin secret ; elle soupire à chaque hommage, lorsqu'elle se représente que bientôt il lui faudra passer sa vie dans une triste solitude : si elle consulte son miroir, ce n'est plus cet œil brillant, ce teint fleuri, cette bouche enchanteresse qu'elle aperçoit, elle ne voit que les sillons à jamais gravés par une main désolante : ah ! si elle étoit demeurée dans son heureuse ignorance; elle auroit eu du moins dix-huit mois filés par la main des plaisirs, par cette main douce & trompeuse : combien elle fut malheureuse par sa curiosité !

On honoroit Misnar comme le plus vaillant capitaine de l'Inde : au milieu de la foule empressée, l'admiration, le respect que son nom inspiroit, lui permirent un libre approche; il fut un des premiers qui obtint ce dangereux présent; il le reçut avec un sourire ironique, comme indifférent ou supérieur à sa propre destinée. Misnar attacha ses regards du côté du bonheur; il vit la victoire enchaînée à son char, des villes soumises, des peuples vaincus, des poëtes empressés à recueillir ces hauts-faits, pour les transmettre à la postérité : Misnar auroit vécu longtems heureux & satisfait ; mais il voulut connoître la suite de ses triomphantes destinées : quel changement ! un roi jaloux le dépossède & l'exile, & ceux qu'il a comblés de faveurs, le déchirent à l'envi ; les statues qui lui furent érigées, sont abattues, les inscriptions déchirées : Misnar demeure immobile d'étonnement; on le vit pendant des années entières insensible aux palmes qui ombrageoient son front : parmi les fêtes brillantes instituées à son honneur, il entendoit

SONGE XVII. 269

une voix qui murmuroit à son oreille, « tu » mourras dans l'exil & dans l'oubli » : combien de fois il maudit l'instant où il avoit desiré de voir un tel avenir !

Parut ensuite la jeune Elmire ; sur son front se peignoit la plus vive douleur ; toute la ville s'intéressoit à son sort : gémissante sous la tyrannie d'un vieil époux, avare & jaloux, son père avoit serré de force les nœuds cruels : elle aimoit en secret le jeune Damon : elle en étoit aimée : son sein qu'animoit la jeunesse, palpitoit de crainte devant la lunette prophétique, elle la saisit d'une main tremblante : elle craignoit d'y lire un malheur éternel : l'amour & l'espoir l'encouragèrent au premier coup-d'œil : elle s'écria : ô grand Xuixoto, que vous êtes bon ! & d'où venoit ce cri de joie ? de ce qu'elle apercevoit le convoi funèbre de son mari qui s'acheminoit lentement vers le temple ; son cercueil étoit couvert d'un drap mortuaire richement décoré : quatre mois après, non loin de cette même tombe, où son tyran étoit scellé d'un marbre que rien ne pouvoit rompre, elle recevoit la main de son amant à un autel où, maîtresse d'elle-même, elle couronnoit ses vœux & sa constance : cette image qu'elle seule apercevoit, la charma au point qu'elle embrassa le septuagénaire qui étoit à ses côtés, avec le même transport qu'elle eût embrassé le jeune Damon; le podagre s'étonna de ses vives caresses : Elmire eut la curiosité indiscrette de consulter le verre opposé, & elle vit ce Damon qu'elle croyoit si tendre, devenir un tyran plus dur & plus inflexible que le premier; sa jalousie étoit au comble, & elle fuyoit vers un couvent pour se dérober à ses fureurs.

Elle pâlit, la lunette lui échappa des mains, Adiram la reçut; il étoit présent & ne put résister à l'exemple général; il ne savoit pas qu'un regard, qu'un seul regard lui coûteroit toute sa félicité; il apprit d'abord qu'il seroit grand, qu'il obtiendroit des titres, qu'il seroit considéré dans sa patrie. Quel cœur doué de quelques passions fortes, n'est point ambitieux? & que pouvoit-il souhaiter de plus? le destin lui promettoit ensuite des trésors immenses & la belle Cléone pour épouse. Surpris lui-même de ces belles destinées, il voulut savoir comment le reste de sa vie se concilieroit avec les faveurs de la fortune, tant dans sa présomption il les jugeoit immuables; mais que vit-il en appliquant l'autre verre à son œil? autant d'ennemis qu'il avoit de rivaux; il recueille la haine, parce qu'il a trop fait sentir la supériorité de ses talens; il est abattu, parce que sa conduite fut hautaine, insolente; son

Songe XVII.

orgueil rencontre un orgueil plus terrible qui l'humilie & le réduit au silence ; on le méprise autant qu'il a méprisé les autres. Semblable au voyageur, parvenu avec peine au sommet d'une montagne escarpée, qui trouve un sentier glissant, tombe & roule dans les précipices ; cet ambitieux éprouve un chute horrible, chacun y applaudit & se venge des dédains qu'il a prodigués ; c'est à qui ajoutera à la dérision publique, & sa femme elle-même ne gémit point du revers qui terrasse son époux. Sa fierté lui avoit fait autant d'ennemis qu'il y avoit de gens sensés ; il ne fut plaint de personne ; délaissé du genre humain à raison de son insupportable orgueil, on grava sur son tombeau une épitaphe qui attestoit la joie qu'on avoit ressentie de son abaissement.

Quelle fut la cause des malheurs d'Adiram ? d'avoir su qu'il deviendroit grand avant cette époque : il se servoit de son esprit, de sa raison ; il avoit des vertus lorsque sa fortune étoit encore douteuse ; mais la fatale connoissance du sort brillant qui l'attendoit, accrut son audace. Il se rendit odieux, & malheur à quiconque, même sans consulter aucune lunette, connoîtra trop tôt ses hautes destinées.

On vit arriver sur ses pas deux personnages

remplis l'un pour l'autre d'un mépris profond; l'un étoit un poëte, & l'autre un philosophe: le poëte prit le premier la lunette, & le philosophe se mit à l'observer; car il n'y avoit pas de spectacle plus risible à ses yeux, que la vanité d'un versificateur, soit-disant poëte; celui-ci passoit sa vie à polir du cuivre avec tout le soin imaginable; il faisoit une dépense prodigieuse d'esprit, pour orner toutes les idées frivoles du siècle; il ne les vouloit que petites, brillantes manièrées, par fois libertines: quel spectacle au premier coup-d'œil! Ses brochures reposent sur les toilettes, les femmes s'écrient, c'est un auteur charmant, délicieux, il nous interdit la fatigue de penser, il faut qu'il soit de nos soupers; le poëte tourne la lunette pour consulter un peu l'image de la postérité; il aperçoit une renommée légère d'environ quinze années, qui se dissipoit sans qu'on s'en aperçût: il se voyoit bientôt descendre tout vivant dans le fleuve d'oubli, fait pour ensevelir tout le bel esprit du monde, & les almanachs fameux qui en sont les annales dépositaires.

Le philosophe vit avec plaisir le nuage sombre qui venoit de se répandre sur le front de son camarade; & il s'amusa beaucoup de son étonnement; il prit à son tour la lunette & vit du côté favorable le génie en personne, c'étoit un bel

ange

ange rayonnant de gloire; une flamme pure & sacrée brilloit sur sa tête immortelle; notre philosophe ne manqua pas de croire que c'étoit son propre génie qui s'offroit à sa vue; il consulta par air le cristal opposé; quel changement! Ce n'est plus cet être brillant & lumineux, c'est une furie qui s'élance par bonds inégaux, qui attaque les dogmes de l'univers, renverse ces appuis sacrés du genre humain, ébranle l'espoir & la consolation des infortunés, plonge l'esprit dans un doute affreux ou dans un égarement stupide, brise l'effigie de la morale touchante, & ne souffle que les feux impurs de la débauche ou le poison contagieux de l'athéisme : tel parut aux yeux de notre philosophe ce génie si différent de lui-même, lorsqu'il abuse de son autorité puissante. Je ne sais si le philosophe, ou plutôt celui qui en usurpoit le nom, s'y reconnut, mais il tenta de briser la Lunette véridique en se vantant néanmoins de chercher par-tout la vérité.

L'aveugle Myope, malgré le petit partage d'entendement que lui avoit prêté la nature, possédoit assez de folie pour vouloir s'instruire de ce qu'elle avoit à craindre ou à espérer de l'avenir : elle prit la Lunette avec la plus grande vivacité, & ne vit rien. Toute en colère, elle la retourna & n'en vit pas davantage : furieuse elle combla

Oradou de reproches & d'injures, prétendant qu'on la trompoit; que les dons de Xuixoto étoient aussi bien faits pour elle que pour un autre, & qu'elle devoit avoir, elle, une destinée marquée dans les décrets du ciel, une destinée enfin toute particulière. La pauvre femme ne comprenoit pas que la faute n'étoit que dans son œil; hola, folle! s'écrioient ceux qui l'entouroient, & ils oublièrent qu'ils n'avoient guère de meilleurs yeux. Myope continua de végéter avec sa vue courte; & tout en végétant, de se plaindre de Xuixoto & d'Oradou: elle garda toujours au fond du cœur une profonde estime pour elle-même, & préféra, comme de raison, son œil qu'elle croyoit excellent, à l'œil perçant des aigles.

Un jeune homme vertueux, plein de sensibilité, encore entre les mains de la nature, voulut aussi connoître l'avenir. Son ame pure s'élançoit vers tous les objets pour saisir la vérité, la confiance, le bonheur; il ne voyoit dans l'univers que des cœurs généreux; il le peuploit d'amis sincères, d'hommes compatissans; il ne connoissoit que de nom la calomnie, la dissimulation, le mensonge; il prodiguoit sa tendresse aussi aisément que son or, épanchant son ame ingénue dans les intimes confidences de l'amitié la plus abandonnée. Oradou touché de ses vertus, lui dit, lorsqu'il étendoit la main pour prendre le don fatal : bon jeune homme reste, reste paisible dans l'obscurité qui t'environne, tu perdrois trop à être détrompé. Crois que Xuixoto a fait sagement, lorsqu'il vous a condamnés à ne point voir le sombre labyrinthe des cœurs ; cette ignorance heureuse & réciproque, sert à vous cacher dans l'ombre, des perfidies qui vous désespéreroient, si elles étoient exposées au grand jour.

Ce discours révolta le jeune homme ; donne, dit-il, donne, destructeur atrabilaire de la nature humaine, tu ne connois pas les liens les plus doux & les plus forts du cœur de l'homme, l'amitié, l'estime ; je les sens avec transport : mon cœur né pour la vertu, la reconnoît dans mes semblables : donne, que je contemple cet ami que j'estime, cette beauté que j'aime, cette file de jours heureux, qui tour à tour doit se couler dans leur douce société. Des sentimens aussi vrais, aussi tendres, sont à jamais inaltérables.

Oradou lui remit la double lunette en soupirant ; le jeune homme vit d'abord son ami attaché à tous ses pas, partageant ses plaisirs & ses peines, adoptant toutes ses opinions & prêt à verser son sang pour sa moindre querelle. Il vit sa maîtresse exaler dans chaque mot l'amour le plus affectueux, pâlir, trembler, frémir dès qu'un regard

S ij

se détournoit, s'abandonner aux plus vives alarmes, dès qu'un sourire égal n'étoit plus sur ses lèvres : sa main ne pouvoit se détacher de la sienne, & le beau jour du printems étoit un jour ténébreux & mélancolique, dès qu'il étoit éloigné d'elle.

Ah ! dit-il, je savois bien que l'humanité étoit ainsi faite; les méchans l'ont calomniée; le bonheur tient au besoin d'aimer nos semblables; il faut étendre la sphère de l'amitié pour étendre celle du plaisir ; il ne faut qu'aimer dans ce monde, pour être aimé de même. Il dit & retourne le cristal. Hélas ! que ce cœur à découvert va recevoir de traits ! de quelles flèches imprévues ne sera-t-il pas blessé ! il voit un petit monstre noir, toujours implacable, toujours séditieux, percer d'un dard envenimé le cœur de son ami : ce petit monstre étoit l'amour propre, d'une maigre stature, mais violent; il précipitoit par-tout ses pas, il ne savoit sacrifier aucun desir, ni souffrir aucune concurrence; il vouloit précéder tout ce qui l'environnoit. Cet ami si fidèle, & qui naguères parloit de sacrifier sa vie, se trouve empoisonné de la vapeur infernale qu'exhaloit le petit démon ; une inimitié secrète se fait jour dans son cœur : la contrainte rend le poison plus actif; il fermente, il se manifeste par des signes d'abord

Songe XVII.

équivoques ; le sourire devient serré, le mouvement de la main convulsif, l'œil qui voudroit caresser se baisse, la fureur interne se trahit, & comme honteuse de ses excès, se compose & se renferme ; enfin, comme un fleuve qui se déborde, éclate tout-à-coup, son bras lève le fer sur le même sein qu'il a tant de fois pressé contre son cœur ; &, pour comble d'étonnement & d'infortunes, il voit celle qu'il adoroit uniquement, consommer l'adultère avec ce même ami, confident de ses pensées, & rougir, non d'être découverte, mais de n'avoir pas su l'abuser plus long-tems.

La lunette tomba des mains de ce malheureux jeune homme ; ce fut alors qu'il vit le bonheur précipité de son trône & dépouillé des rayons célestes dont sa crédulité l'avoit embelli. Cette amitié, dont il se formoit une image vivante, animée, pleine de dignité & de force, n'est plus qu'une statue froide, honteuse & dégoûtante, ou plutôt c'est une furie armée de ses propres bienfaits ; cet amour divin est tombé dans la fange de la trahison ; il fuit, il va ensevelir dans les déserts le regret d'avoir placé son cœur dans un être abject ; ces larmes de tendresse auxquelles il ajoutoit foi, sont un bitume dévorant qui tourmente sa pensée ; il tombe dans une sombre misantropie,

& le reste de sa vie, il paya de pleurs douloureux, mais impuissans, son imprudente curiosité.

Le pauvre Irus, à l'air abattu, aux vêtemens déchirés, appuyant sur une canne son corps maigre & décharné, attendoit que la foule fût dissipée, car chacun le repoussoit. Sa posture humiliée annonçoit l'indigence : ses jours n'avoient été qu'une longue chaîne de calamités; & rien ne pouvoit lui faire supporter le fardeau de l'existence, si non l'espoir d'un meilleur sort ? Il avoit quitté son grabat, où il rêvoit quelquefois que la fortune lui devenoit moins cruelle : il s'approcha d'Oradou en soupirant, il leva les mains au ciel & lui dit : permets que je sache jusqu'à quand je serai malheureux; l'incertitude de l'avenir m'est cent fois plus cruelle que le présent. Oradou n'oublia rien pour lui faire perdre cette fantaisie. Irus poussa un cri lamentable, & le força, par ses ardentes prières, à lui donner la lunette fatale; il la saisit d'une main desséchée, & tour-à-tour appliqua chaque verre sur l'œil qui lui restoit : la pâleur vint blanchir un visage déjà exténué; hélas! que vois-je, s'écria-t-il douloureusement, point d'adoucissemens à mes maux, tous mes jours s'écouleront dans la misère, pas un instant de félicité. Irus étoit destiné à être toujours misérable, il ne voit pour consolateur que le spectre du tré-

Songe XVII.

pas; mais il recule à l'aspect de ce consolateur horrible.

L'histoire rapporte qu'un monarque s'étant déguisé, se jeta dans la foule, & voulut aussi consulter les arrêts du destin : il se vit entourer d'hommages, de respects; on lui obéissoit; ses fantaisies étoient des ordres, point de sédition, point de soulèvement; le murmure se cachoit, & la révolte, quoiqu'il fît, ne devoit point lever sa tête dans aucun point de ses vastes états; mais à sa mort, pas une larme sur sa tombe, pas un regret dans le cœur d'un seul citoyen : son peuple voyoit passer son convoi avec indifférence, pour ne pas dire avec joie ; & ses obsèques n'étoient qu'une cérémonie religieuse. Le monarque ayant aperçu de quelle manière son peuple honoreroit sa cendre & traiteroit sa mémoire, ne l'aima plus & cessa d'en être aimé.

D'autres exemples seroient superflus ; la curiosité des cœurs insensés eut par-tout des suites aussi funestes, & les hommes furent assez injustes pour imputer à Xuixoto la découverte de leurs infortunes : falloit-il encore nous tourmenter par cette funeste science , s'écrièrent-ils de concert! sans elle nous aurions joui du présent, nous n'aurions connu que des heures agréables.

Xuixoto entendit ces nouveaux reproches : les

280 LES LUNETTES, SONGE XVII.
murmures du genre humain ne le touchèrent pas, mais il écouta sa clémence; il rappela Oradou & reprit aux hommes le don fatal de pouvoir lire dans ces malheureuses lunettes, leurs futures destinées.

L'AUGUSTE ASSEMBLÉE,

SONGE XVIII.

J'étois enseveli dans un profond sommeil, lorsque je crus entendre une voix près de mon oreille ; cette voix foible qui ressembloit au murmure du vent, me causa plus de surprise que n'auroit fait une voix forte & terrible : que veux-tu ? lui dis-je ; tais toi, me répondit la voix, tais toi, & je me sentis entraîné bien loin dans un salon où étoient vingt personnages, la tête ornée de diadêmes qui n'avoient entr'eux aucune ressemblance : des couronnes rondes, pointues, pyramidales, cintrées, fermées, fleuronnées, perlées, radiales, rayonnées, tourrelées, me montroient tous les souverains de l'Europe, & quelques-uns des autres parties du globe.

Tu vois, me dit l'esprit qui m'avoit parlé, ceux qui gouvernent les humains. Par une étrange combinaison des choses d'ici-bas, vingt hommes commandent à cent quarante millions de leurs semblables, les voilà, ces mortels doués de cette inconcevable puissance, dépositaires d'une force terrible quoique passagère, & qui agit à une si grande distance : ces volontés individuelles semblent être concentrées dans leur main; car au moindre mouvement, armées, bandes, troupes, soldats, milices, flottes & matelots, se répandent pour tout ravager; faut-il s'étonner si la plupart, rêvent gloire, conquêtes, triomphes? contemple leur physionomie.

Je contemplai avec curiosité ces hommes qui n'étoient presque plus mes semblables, tant ils étoient élevés au-dessus de moi en puissance & en grandeur : heureusement qu'ils ne faisoient pas plus d'attention à moi qu'à la mouche qui vole; l'un tenoit un livre dont il arrachoit des phrases qui devoient se changer en loix; l'autre souriot au portrait d'une jeune beauté; celui-ci composoit un dit, celui-là dormoit: un des plus anciens faisoit signe à un tambour, & soixante mille hommes devoient tourner à ce signe; un autre rêvoit profondément à ce qu'il auroit dû faire; un autre avoit l'air de ne penser à rien.

On en pesoit un en cérémonie; il avoit pesé deux cent cinquante livres l'année précédente, il en pesoit aujourd'hui deux cent soixante. Grande joie pour ses sujets, grande fête par-tout l'Empire!

J'en vis un au teint noirâtre, qui regardoit fierement son voisin; & un autre richement vêtu qui jetoit sur tous un œil inquiet; tel la main sur son épée restoit dans cette attitude menaçante, & la conservoit par choix ou par politique.

Songe XVIII.   283

Errant en liberté parmi ces coloffes de grandeur, je confidérois tout à mon aife leur figure; rien de plus curieux que cette noble affemblée : tous avoient leur habit national, j'en vis d'antiques, d'armoiriés, de grotefques, de majeftueux, & je m'imaginois être au foyer d'un théâtre où l'on alloit repréfenter une tragédie univerfelle, près de laquelle celles de Shakefpear feroient devenues des modèles d'unité.

Ces robes magnifiques, ces manteaux précieux, ces broderies, ces turbans, ces écharpes éclatantes qui foutenoient des poignards enrichis de pierreries, ces cimeterres m'éblouiffoient; l'un d'eux, affis fur un fauteuil, avoit un triple diadême; mais il étoit vieux, podâgre, & fans armes : on le faluoit en paffant devant lui, mais on ne faifoit pas attention à ce qu'il difoit, quoiqu'il femblât montrer par fes geftes qu'il étoit le diftributeur des empires; on le laiffoit marquer du doigt de vieilles cartes géographiques qu'il regardoit en foupirant.

Trois de ces individus royaux prirent fur fes genoux une de ces cartes, & la déchirèrent en trois morceaux; les autres les regardèrent faire dans une furprife immobile.

Ils vouloient parler entr'eux des affaires de ce monde; mais leur langage différoit encore plus que leurs habits, & ils ne purent s'entendre; on fut obligé de faire entrer vingt interprètes qui écoutoient d'une oreille, & rendoient à l'oreille voisine le discours translaté : au milieu de ce manège, l'un portoit la main sur son glaive, & le tiroit à moitié du fourreau, l'autre montroit un canon, celui-ci développoit un parchemin où je lisois distinctement au haut : « au nom de la très-» sainte Trinité, &c. ».

Toutes ces figures royales prenoient tour à tour un air complaisant, ou farouche; les traits de leur visage changeoient avec une mobilité surprenante : au sourire le plus doux succédoit une contenance hautaine, & les interprètes étoient effrayés les premiers de ces gestes rapides & terribles.

Alors entrèrent des hommes qui portoient sur leurs épaules des ballots de marchandises; ils en présentoient des échantillons à tous ces souverains; les échantillons passoient de main en main, & parurent les calmer : l'un après l'autre, ils s'offroient du coton, de la soie, du cuivre, du fer, ou une poignée de sel, &c.

Un de ces monarques arracha de la terre un petit lingot d'or & le donna à son voisin. Ce lingot passa successivement de main en main; chacun le pétrissoit à sa manière, & le dernier qui le reçut, le remit en terre; ce que je ne vis pas sans un grand étonnement.

Ils paroissoient tous d'accord, & prêts à s'embrasser, malgré quelques œillades fières & im-

SONGE XVIII. 285

périeuses qu'ils se lançoient au sujet du plus ou moins de révérences, lorsque tout-à-coup survint une querelle : il s'agissoit d'une morue que deux des plus forts vouloient avoir exclusivement. En vain un interprète faisoit signe de la couper en deux, ils s'armèrent tous l'un contre l'autre, & j'entendois ces mots, sucre, café, poivre, morue, thé, mousseline, indigo.

Le mot thé rétentissoit comme un écho lointain, & je l'entendois encore une demi-heure après qu'il avoit frappé mon oreille.

D'abord cinq se rangèrent contre un, ensuite quatre contre deux, puis en parties à-peu-près égales, ils sembloient jouer aux barres, tant le peloton changeoit de forme; une multitude de feuilles volantes tomboient du plancher, & à force de les lire on n'y comprenoit plus rien; les faits démentoient les raisonnemens, & les raisonnemens démentoient les faits; les interprètes allant, venant en bottes fortes, étoient tout en eau; car ils ne faisoient que courir de l'un à l'autre, & leur version abondoit sans doute en contre-sens; car elle n'aboutissoit qu'à aigrir les superbes contestans : bientôt les interprètes effrayés se sauvèrent leur plume à la main, & moi, curieux de voir ce qui en résulteroit, je grimpai adroitement sur le chapiteau d'une colonne.

Aussitôt la sale devint d'une étendue immense;

tous ces personnages me parurent hauts de trente coudées; il tirèrent l'épée, mais ces épées flamboyantes étoient si longues qu'il n'y avoit que la pointe qui touchât la pointe; aucun d'eux ne fut blessé personnellement, la longueur des lames ne le permettoit pas : il étoit seulement tombé de leurs robes, de leurs couronnes, de leurs vêtemens, quelques diamans, quelques perles, quelques émeraudes. Quand la pointe de leurs épées fut émoussée, ils les remirent tranquillement dans le fourreau; les interprètes rentrèrent, taillèrent de nouveau leurs plumes, & passèrent de main en main quelques nouveaux échantillons de marchandises.

Alors je vis un visage basané, & un visage blanc qui se caressoient de l'œil : tous prenoient avec joie, l'un du girofle, l'autre du bois de teinture, l'autre de la poudre d'or : après plusieurs gestes de satisfaction, il entra des musiciens, & le vieillard à la triple couronne se leva de son coin, & entonna un cantique qui fut suivi d'une symphonie propre à l'ouverture d'un bal; un artificier prit un reste de poudre à canon, & en forma des fusées volantes.

Les grandes figures ne dansèrent point, leur gravité s'y opposoit : les interprètes dansèrent pour eux, & s'ils n'avoient pas des graces dans leurs mouvemens, au moins suivoient-ils régulièrement la mesure : qu'y a-t-il de plus compassé qu'un ballet diplomatique ?

Le bal fini, une grande table magnifiquement servie se trouva au milieu de la salle : les interprètes n'étoient pas dignes de s'y asseoir, & ils s'enfuirent avec les musiciens qui se voilèrent respectueusement d'un rideau pour jouer des sérénades.

J'avois déjà dit en moi-même : où sont les augustes épouses de ses sérénissimes majestés ? n'aurai-je point le plaisir de les admirer ? car une princesse n'est jamais laide.

Dans ce moment la visière d'un casque s'abaissa, & le personnage que j'avois pris pour un homme, montra un visage de femme : son œil étoit fier & gracieux tout-à-la-fois; elle étoit obéie, ceux à qui elle commandoit, adoroient ses ordres & sa personne; son sceptre étoit d'une grandeur démesurée, il étoit même mal proportionné : cependant elle le portoit sans peine; & même à table, elle sembloit le porter encore.

Quand elle prit place à cette table où tous les souverains s'asseyoient, les reines & les princesses en firent autant, & ce n'étoit pas pour moi une mince satisfaction, de voir les épouses d'empereurs, de sultans, de rois, de princes; enfin de tout ce qui avoit l'honneur de commander à l'espèce humaine : il me sembloit même que la plupart de ces princesses, jouissoient encore mieux que les monarques, des plaisirs attachés à la royauté; car elles n'avoient rien à faire qu'à choisir, chaque jour, entre des voluptés nouvelles.

Chaque monarque avoit apporté des productions de son pays, quel festin! tel ne figuroit que par les épiceries; tel au lieu de vin donnoit de la bierre en paroissant s'excuser; tel autre ne devoit briller qu'au dessert; mais le plus heureux de tous par la position de son royaume, dédommagea l'assemblée.

Rien ne rapproche les hommes comme de manger ensemble; bientôt la bonne chère portée aussi loin qu'on puisse l'imaginer, & les bons vins de France, chassèrent la morgue ainsi que l'idiôme politique, déridèrent les fronts, & égayèrent les propos : les princesses, je ne puis trop deviner pour quelle raison, ne se lassèrent pas de regarder l'autocratrice, & leurs réflexions se lisoient pour ainsi dire, dans leurs regards attentifs & curieux.

Les échansons & les valets, témoins importuns, s'éloignèrent; toutes ces figures se mirent à converser librement en françois, en conservant néanmoins l'accent de leur pays. C'étoit nos heureux vignobles qui avoient opéré ce prodige; le vin ouvroit les secrets replis de leurs cœurs : ils paroissoient tous aimer le plaisir & la joie; car à quoi sert d'être puissant, si l'on ne sait pas se réjouir.

Sans savoir comment cela s'étoit fait, je me

trouvois

SONGE XVIII.

trouvois enfermé dans un vaste pâté qui fut placé au centre du service par un des grands officiers des couronnes. J'écoutois tout, tapis sous la croûte, qui, comme un dôme me couvroit en entier; je reposois mollement sur des couches de lard & de morilles, suçant mon matelas, & je riois tout bas de l'entretien de ces potentats illustres, qui mangeoient & parloient comme des auteurs, & qui comme eux goûtoient le plaisir de la table dans toute son étendue.

C'est bien ainsi que mes confrères & moi avons maintes fois dîné, donnant carrière à notre facétieuse imagination : la chère étoit délicate, mais la liberté joyeuse & vive étoit meilleure encore, les auteurs sont des êtres indépendans, des espèces de rois dans leur invisible domaine; ils ne sacrifient aucune idée en face de leurs amis; leurs livres ne contiennent jamais que la moitié d'eux-mêmes; & pourquoi les rois, un jour dans leur vie, ne converseroient-ils pas comme des auteurs? De tous les plaisirs de la société, c'est assurément le plus agréable.

Que de bons mots échappèrent à ces têtes couronnées! le doyen d'entr'eux avoit à tout propos des reparties pleines de sel : celui qui étoit en face de lui, étoit vraiment littérateur, aussi avoit-il pris son parti en philosophe : j'écoutois attentivement, lorsqu'un des plus jeunes qui mangeoit beaucoup

T

& parloit peu, prit son couteau, en ouvrit le pâté, & ne me toucha heureusement du fer que vers le haut de la cuisse; je ne dirai point qu'une blessure d'une main royale ne fait point de mal; sauf l'honneur, la douleur m'éveilla: les yeux ouverts je crus entendre la voix grêle & foible qui m'avoit déjà parlé, & qui me disoit encore, tais toi, tais toi.

VISION PREMIERE.

Quel est ce colosse qui se balance à travers les étoiles? quel est ce géant formidable qui asservit l'univers, & qui tient tous les êtres sous son empire? Il a des mains de bronze, dans lesquelles il tient des chevilles & des coins : ses bras sont des colonnes de feu, ses pieds sont la base des volcans; son cœur est d'acier, ses yeux de plomb : il jette un cri, & ce cri menace le monde d'une prochaine destruction.

Au signal de cette voix, le volume des cieux se replie, les tombeaux s'ouvrent, non pour vomir des morts, mais pour engloutir les vivans. La comète déploie sa chevelure flamboyante, & verse sur la terre un déluge de feu : tout-à-coup les chênes sourcilleux, & les sapins énormes, n'offrent que des branches noircies & des feuillages desséchés : le soleil, arraché de sa sphère, est éteint, les étoiles tombent, les globes du firmament n'ont plus qu'une course errante & vagabonde; le bouleversement s'étend jusqu'aux confins de l'univers; la mort, aux aîles ténébreuses, plane dans l'immensité des airs; les ossemens de la race humaine sont blanchis, & les corps célestes percés à jour, n'offrent plus qu'une pierre dure & calcinée : le fantôme despotique, tenant le sceptre de la violence, élève sa tête par-dessus les nuages : que je lise le nom de cet être redoutable, il est gravé sur son front, & les caractères en sont ineffaçables ; je m'approche en tremblant, je baisse la tête & je lis : La Nécessité !

LES TOURS,
VISION II.

Lorsque le monde, encore trempé des eaux du déluge, sortit de ses ruines, les nouveaux habitans de cette terre désolée, se virent nus sur une plage stérile; mais lorsqu'à leur détresse se joignit la frayeur, qu'ils entendirent un tonnerre lointain qui menaçoit de les frapper une seconde fois; alors rassemblés par l'effroi, ils levèrent les mains au ciel, & se dirent l'un à l'autre, qu'il étoit au-dessus d'eux un pouvoir terrible & caché, un maître absolu de leur chétive existence.

Je m'endormis sur ces idées, & je ne vis que des hommes épars & consternés qui fuyoient les vagues mugissantes, & qui escaladoient les sommités où les ondes furieuses les poursuivoient encore

Ces malheureux étoient nus, ils mesuroient l'abîme des eaux avec le regard du désespoir; le moindre coup de tonnerre, quoiqu'il fût expirant, sembloit revenir sur leur tête pour foudroyer ceux que les eaux avoient épargnés : elles se retiroient lentement; cette vaste & lugubre inondation avoit quelque chose de plus effrayant que si des vagues de feu eussent roulé sur la terre : cet abîme liquide

T iij

où tout dormoit immobile, ces eaux stagnantes & noirâtres qui déracinoient les derniers végétaux, ornemens de la terre, qui engloutissoient leurs branchages & leurs fruits, offroient un spectacle de désolation, & ce grand débordement frappoit l'œil d'épouvante.

C'étoit une comète qui avoit subitement versé ses eaux avec un fracas épouvantable; les oiseaux du ciel ne trouvoient plus où se reposer; la terre végétale, tristement délayée, rouloit une grande quantité de limon; je revis la tour que les hommes effrayés avoient bâtie pour se garantir d'un pareil désastre; ce monument de leur foiblesse & de leur extravagance étoit demeuré imparfait : cette tour colossale n'annonçoit que de vains projets & une futile entreprise : ces travailleurs empressés furent interrompus au milieu de leur audacieuse espérance, lorsque Dieu mélangea, par des nuances si fines & si différentes, les organes de la parole, qu'il leur fut impossible de faire désormais quelque chose d'un parfait accord.

La voix de Dieu leur avoit dit d'une manière assez éclatante : allez, vivez en paix chacun de votre côté, sans vous fatiguer par d'aussi vains travaux. Les mortels ne comprirent pas la sagesse divine : alors on vit le spectacle le plus ridicule; chacun voulut bâtir une tour de son côté & voulut la bâtir jusqu'aux cieux : à peine plusieurs eurent-ils construit quelques coudées, qu'ils s'imaginèrent être bien haut, parce que les montagnes, dans l'éloignement, paroissoient être au-dessous de leurs regards.

Tous ces bâtisseurs qui crioient en discordant qu'ils élevoient l'escalier le plus sûr pour monter au ciel, à l'abri de tous les dangers, se donnoient un démenti réciproque; chacun, perché au sommet de sa tour, crioit, venez à moi, c'est moi qui suis le plus près du ciel : l'un soutenoit que le Dieu qu'on cherchoit étoit sûrement le soleil, que la lune étoit sa femme & les étoiles ses enfans : d'autres plus matériels encore se prosternoient devant un veau, un mouton, une colombe, enfin tous se firent des dieux grotesques; mais ce qui devint le plus funeste, c'est que chaque pontife se substituant à l'idole hissée au sommet de sa tour, voulut se faire adorer avec elle, & qu'il crioit « frappez, égorgez les réfractaires, ce sont autant » d'impies »; à la voix de ces pontifes, on traînoit les victimes qui demandoient vainement qu'on leur laissât bâtir une tour d'après leur propre architecture.

Toutes les folies qu'ils faisoient pour honorer leurs idoles, sont innombrables : la hauteur de la tour avoit tourné leurs foibles têtes : il n'est point de figure bisarre qui ne parût en pompe comme un objet d'adoration : le pontife de l'idole avoit un langage particulier & un maintien tout-à-fait dissemblable de son voisin : l'un dansoit, l'autre tenoit les bras en croix : celui-ci étoit immobile, l'autre s'abstenoit de boire & de manger, trouvant une vertu singulière à n'avoir que la peau collée sur les os : il y en avoit qui se coupoient plusieurs parties du corps, & ces enthousiastes vouloient encore forcer les autres à suivre leur exemple.

Enfin, je vis les folies des nations depuis les magiciens de Pharaon jusqu'au saint du cimetière Saint-Médard; ainsi les jongleurs, les trembleurs, les thaumaturges, les exorcistes, les sorciers, les chiromanciens crioient du haut de leur tour particulière : quelle confusion! quelle discordance!

Plus loin, je vis un sage qui disoit tranquillement à ceux qui l'environnoient, l'univers est le temple de la Divinité : la sérénité du ciel se communiquoit à son ame, & en comparant toutes ces tours avec l'immense enceinte du firmament, elle se convertit bientôt dans mon esprit en un vrai temple où la Divinité se présentoit à nous de la manière la plus sensible; les cieux sont la limite de ce religieux édifice, & cette grandeur imposante n'est pas trop vaste pour la nature & pour la présence du Dieu qui la contient.

Elevez encore les voûtes & les dômes de Saint-Paul de Londres, de Saint-Pierre de Rome, ajoutez par la pensée à la hardiesse de la construction, que tout cela devient petit devant la voûte du temple qui se trouve par-tout ouvert à toutes les heures & où tout homme peut, en élevant sa vue, adorer & se prosterner.

Quelquefois un temple est éclairé de flambeaux: mais ils pâlissent & se consument; mais ils ont besoin d'être renouvelés: ici est un flambeau, abîme de lumière intarissable; quand il visite un autre hémisphère, il est soudain remplacé par un nombre innombrable d'autres flambeaux qui ouvrent, à notre œil, le champ illimité d'une magnificence radieuse; l'ame est saisie d'admiration; elle tombe dans le silence ou dans la prière.

Ces nuages de diverses couleurs qui bordent l'horizon, & dont le pinceau n'imitera jamais qu'imparfaitement la transparence & l'éclat, ne valent-ils pas ces tentures que l'art s'empresse à déployer?

Dans ce temple cintré si haut, où est l'autel? où est le sacrificateur? Ils sont réunis dans le cœur de l'homme quand sa conscience est pure, simple & innocente: de cet autel, l'homme peut faire monter jusqu'à Dieu le parfum & l'encens de ses adorations & de ses louanges; il peut présenter à son bienfaisant Créateur le sacrifice de ses actions de grace, pour les facultés dont son ame est enrichie, pour cette flamme divine qui l'éclaire, pour l'inestimable privilège de connoître, d'aimer la source de ces graces : l'homme sacrificateur lui dévoue son existence, & la consacre à louer & à adorer : il est ancien le poëte qui nous enseigne à louer les grandeurs de Dieu; il ne faut que le répéter : « Eternel! mon Dieu! tu es merveilleusement » grand! tu es revêtu de majesté & de magnifi- » cence! toutes tes œuvres sont faites avec sagesse! » tu as mis ta majesté par-dessus tous les cieux »!

A ces paroles, je vis toutes les tours se métamorphoser en colonnes, en pavés, en voûtes, en appuis, en ornemens; les Alpes étoient enfermées sous cette voûte magnifique; un soleil brillant éclairoit cette enceinte immense; l'œil s'y perdoit; mais c'étoit toujours un temple, & ces belles paroles de Salomon retentirent à mon oreille : « voici » les cieux; mais les cieux des cieux ne peuvent » te contenir, combien moins cette maison que » je t'ai bâtie »!

La voix qui parloit devint si forte, si grande, si majestueuse, que mes organes ne pouvoient suffire, & je m'éveillai.

NOUVELLES DE LA LUNE,

VISION III.

J'ÉCRIS une relation très-fidèle, cependant je compte peu sur la foi du lecteur. Me croira qui voudra ; je n'établirai point d'inquisition contre les incrédules : commençons.

J'avois un ami ; c'est un bien que tout le monde appelle inestimable ; mais que très-peu de personnes savent acquérir. L'amitié est un arbre qui ne prend point racine en mauvaise terre ; il faut des vertus journalières pour qu'il rapporte de bons fruits. Le vice ordinairement le dessèche ; deux hommes qui ne s'estiment pas, parviennent rarement à s'aimer : pour être ami il faut pouvoir se confier l'un à l'autre ; il faut avoir acheté réciproquement par des épreuves multipliées le droit de se dire tout l'un à l'autre ; revenons à mon ami :

Nous nous étions rencontrés au milieu de la vie, plus d'une fois, nous nous étions secourus dans des crises difficiles : nos caractères ne s'accordoient pas toujours parfaitement, mais l'indulgence de l'amitié y supplée.

Résolus de couler ensemble le reste de nos jours : nous habitions une même maison, j'ai passé avec lui dans ce paisible séjour mes plus heureuses années. Sa mort me laissa seul en proie à des regrets qui durent encore ; mais j'ai continué de vivre sous le même toit.

On craint ordinairement d'arrêter sa pensée sur les objets dont la perte nous afflige ; pour moi c'étoit-là mon unique consolation : toujours solitaire & promenant mes pensées dans les lieux où je m'étois trouvé avec mon ami, je me rappelois sans cesse nos intéressantes conversations : ce souvenir le retraçoit si vivement à mon esprit que je jouissois dans certain moment, d'une société imaginaire.

Tous ceux qui ont l'habitude de réfléchir, savent par expérience combien le clair de lune invite à la méditation quand la soirée est belle.

Une nuit, l'astre étoit dans son plein, & j'étois resté assez tard dans mon jardin, toujours songeant à celui que j'avois perdu, qu'aussitôt un point vif & lumineux frappa ma vue, il sembloit me devancer de quelque côté que je tournasse mes pas. Je m'arrête enfin, je regarde, j'éxamine, j'aperçois que ce point brillant étoit une flèche lumineuse dont la pointe écrivoit sur la terre, & cette flèche étoit un rayon immense qui partoit directement de la lune.

Étonné d'un tel phénomène, je redouble d'attention, je m'approche, le point se retire, mais comme pour me guider : je le suis, il s'arrête sur une muraille nouvellement blanchie, où je le vois tracer des lettres visibles & je lis :

C'est moi ! ne t'effrayes point ! c'est ton ami. J'habite cet astre qui t'éclaire, je te vois, j'ai cherché long-tems le moyen de t'écrire & je l'ai trouvé. Fais préparer des planches unies, afin que je puisse y tracer plus facilement tout ce que j'ai à t'apprendre : retrouve toi demain au même lieu, à présent il est trop tard, l'astre tourne, ma ligne n'est plus directe, & c'est... La pointe enflammée disparoît aussitôt.

Cette apparition merveilleuse bouleversa tous mes sens ; je restai long-tems immobile les yeux fixés tantôt vers la lune, & tantôt sur le mur ; l'esprit frappé je passai le reste de la nuit sans pouvoir fermer l'œil, & dès la pointe du jour je fis préparer un grand nombre de planches, que j'arrangai moi-même au lieu où j'attendis impatiemment le retour de la nuit.

Jamais le soleil ne me parut se coucher avec plus de lenteur ; la lune enfin, fit luire son disque argenté, mais entre des nuages qui s'amoncelerent, au point qu'elle se trouva masquée par un voile impénétrable.

Fatigué d'une vaine attente & n'ayant point dormi la nuit précédente, je tombai accablé par un sommeil irrésistible : quel fut mon regret lorsqu'en me réveillant je vis le ciel clair & serein & que la lune n'étoit déjà plus sur l'horizon ; je jetai les yeux sur mes planches & je trouvai écrit dessus ce qui suit :

Ami, tu dors, c'est une sujétion imposée aux êtres de votre globe ; a ton réveil tu verras des preuves que je songe à toi. Je vais te révéler des secrets que jamais aucun homme vivant ne sçut pénétrer ; te souviens-tu du moment où j'ai expiré dans tes bras : eh ! bien il ne m'a pas été, à beaucoup près, aussi pénible que tu pourrois le croire.

Non, la mort n'est pas ce que l'on s'imagine, les vivans se font d'elle une image épouvantable & fausse. Ses couvulsions si effrayantes sont pour le spectateur ; pour le malade, c'est un assoupissement ; les cérémonies ténébreuses dont on environne un corps qui s'est dissous perpétuent la crainte & la terreur ; mais la mort n'est pas ce que l'imagination effrayée se représente. Lorsque je sentis le mouvement de mon cœur se briser, je me trouvai doué de la faculté de pénétrer les corps les plus durs, aucune épaisseur ne pouvoit arrêter mon élévation, toute la matière me parut criblée & poreuse & ma volonté étoit le guide de mon ascension ; je me transportois aux lieux où je voulois, traversant sans peine & sans crainte un espace immense, plus je m'élançois plus je sentois la flamme de la vie augmenter en moi de force & d'activité; mon entendement, ma mémoire, mon imagination brilloient d'un nouvel éclat; lorsque je m'étois élevé je descendois rapidement vers l'objet que je voulois considérer, & les aîles d'un oiseau sont une imparfaite image du libre mouvement dont toutes les parties de mon être étoient éminemment douées.

Mais ce qui me délecta plus que tout le reste, c'est qu'une foule d'idées que je n'avois pas encore eues me devinrent familières; une intelligence prompte me fit d'abord concevoir toutes les merveilles de la création; mais ce qui acheva d'apporter dans mon être le plus doux ravissement, ce fut de retrouver tous ceux que j'avois aimés: nos ames s'attirèrent à l'instant, & un sentiment délicieux nous disoit l'un à l'autre, nous ne nous quitterons plus.

Une curiosité inépuisable & sans cesse satisfaite fait notre félicité; tous les jours nous apprenons & nous ne nous lassons pas d'apprendre, la science toujours incertaine sur la terre reçoit ici une évidente clarté: il n'est point d'objets que notre œil ne pénétre facilement, nous voyons à une distance si profonde, que je puis lire à présent même les mots que je trace.

Je dirige à volonté les traits de la lumière, j'en fais autant de crayons que je taille à mon gré, &

de cette manière je puis graver ma pensée jusqu'au globe le plus enfoncé dans les cieux & qui touche aux confins de l'univers.

Ainsi le Créateur qui a donné à l'œil le privilège d'atteindre le globe le plus éloigné, a daigné accorder à la pensée le pouvoir de se manifester dans tout le système peuplé d'êtres raisonnables & sensibles; je converse avec ceux dont j'ai admiré les écrits; aucune distance ne fait obstacle au vol rapide des idées, & l'imprimerie n'est que le simulacre grossier de cet art privilégié, par lequel tous les habitans des globes célestes se communiquent leurs pensées. Je suis descendu dans la lune pour y choisir un rayon plus doux, plus analogue à ta foible paupière, ton œil auroit été ébloui & blessé par un autre rayon; à demain si aucun nuage ne nous gêne, ou plutôt s'il m'est encore permis de te révéler des vérités étrangères au monde sublunaire.

En voyant ces derniers mots, je pris un morceau de craie d'une main tremblante, & j'écrivis sur la planche :

Ami, est-il possible que tu sois dans cette lune, & que ta vue pénètre jusqu'ici? Lis-tu ces mots? — Oui, parfaitement; ne te gêne point à tracer d'aussi gros caractères, écris vîte couremment & selon ta main. — O combien j'ai de questions à te faire! Quoi, c'est vraiment dans ces globes radieux que j'aperçois que vont se rejoindre toutes les races humaines

humaines qui ont séjourné sur la terre, & dis-moi, les méchans comme les bons y seroient-ils confondus sans aucune distinction? Voilà d'abord ce que je suis le plus empressé d'apprendre. — Les plus secrètes actions d'une vie passée sont dévoilées à tous les regards : l'histoire entiere de notre vie est peinte sur notre front d'une manière universellement intelligible; les méchans sont obligés d'aller trouver les méchans comme eux; c'est en se voyant les uns les autres & tels qu'ils sont, qu'ils ont horreur d'eux-mêmes; cette vue perpétuelle leur inspire un repentir profond qui fait leur supplice, & ils tâchent d'effacer ces caractères d'iniquité qui les tourmentent, c'est en faisant une bonne action qu'ils enlèvent cette empreinte noire qui les défigure; il faut qu'ils soient sans tache deshonorante, pour communiquer avec les êtres qui sont étrangers à toute difformité; ceux qui sont noircis par quelques vices, ont beau interroger les êtres resplendissans de lumière, ils n'en obtiennent aucune réponse; ce mépris les punit, & ils sentent toute la distance qui les sépare des enfans de la divinité; consternés de leur avilissement, ils cherchent à en sortir, car le récit de leurs forfaits passe de bouche en bouche, & ils entendent encore toutes les malédictions qui leur sont données sur la terre où leur mémoire est en horreur. Quand ils croyent goûter quelques momens de tranquillité,

V

la voix foible qui les accuse, prend l'accent du tonnerre, retentit à leur oreille, & cette accusation devient générale dans tous les globes de l'univers; écrasés sous le poids de la honte, leur conscience devient un poignard qui les perce incessamment; ils fuient; ils se dérobent à tous les regards; ils se cachent derrière des globes dépeuplés; ils sont seuls, & les anges de lumière en passant, leur crient: « je vous vois avec toutes vos iniquités ».

Comme le sentiment de la justice règne sur nous par-dessus toutes choses, notre pitié seroit déplacée. Nous sentons en nous-mêmes la nécessité de l'ordre qui gouverne; chacun expie ses fautes par une honte proportionnée, nul ne se plaint parce qu'il sait combien il est équitable de supporter un juste châtiment. — A la manière dont tu parles & selon ce que mes connoissances m'indiquent relativement à toi, il me paroît que tu ne dois pas être trop mécontent de ton sort. — Il est vrai, j'ai le bonheur de n'être pas dans cette classe qui souffre le plus, cependant je ne suis pas encore au rang des plus heureux. — En quoi consistent donc les plaisirs & les peines. — Il ne m'est guère possible de te faire comprendre tout cela. Vos mouvemens de joie sont si foibles & de si courte durée, qu'ils ne peuvent être comparés aux transports qu'excite ici le souvenir du bien qu'on a fait; nous jouissons aussi de l'amitié & de l'amour à un degré

VISION III.

qui ne fait que s'accroître de plus en plus; les êtres d'un mérite à peu-près égale se rassemblent, & forment entr'eux une délicieuse société. On en exclut ceux qui ne sont pas faits pour y figurer. — Doivent-ils rester toujours dans cet état misérable sans espoir d'en sortir? — Rien dans ce second monde n'est éternel, tout est passager comme dans le vôtre; ceux qui parviennent à un âge avancé, sentent un desir violent de s'élever vers une autre sphère; c'est une grande joie que de nourrir de telles idées; les amis & les parens s'entretiennent de la volupté qu'il y aura à avancer dans l'étude de la création, à remonter jusqu'à son auteur. La mort chez vous est effrayante; ici on l'attend & on la célèbre avec des cris d'alégresse; nous avons la conscience de la destination glorieuse & future de l'homme, la contemplation de tous les êtres qui passent & des évènemens qui arrivent, est pour nous un spectacle qui augmente la somme de nos connoissances; enfin mieux l'on a vécu sur la terre, moins l'on souffre ici, & plus l'on a de plaisir à passer plus avant. Ceux qui gardent sur les aîles certaines taches hideuses, nous paroissent se perdre dans des routes différentes, & disparoissent ainsi à notre vue. Dire où les uns & les autres vont, c'est ce que je ne sais pas encore. — Mais tu me donnes envie de mourir, je voudrois mourir sur l'heure, pour avoir uniquement le plaisir d'être

V ij

avec toi : feroit-il permis d'abréger ce tems d'exil ?
— Non, garde-toi du fuicide, il eft taché d'une infamie que tu ne pourrois effacer de long-tems; qui n'a vécu que peu, ne compte pas comme celui qui fupporta long-tems le fardeau de la vie; ceux-là qui l'ont facrifiée pour une caufe vraiment utile, font les feuls difpenfés du nombre des années. — Que deviennent donc les enfans dont la mort fouvent fuit de près la naiffance, qui ne font que paffer fans avoir connu ni le bien ni le mal? — Ils achèvent ici de déployer leur intelligence; ils s'attachent à leurs parens, & la mère retrouve fon fils qu'elle croyoit perdu pour jamais; les liens du fang & de la tendreffe ne font pas rompus; les ames faites pour vivre enfemble fe rapprochent; enfin l'amour règne ici & règne fans jaloufie : — de forte que nous n'avons ici bas qu'un inftinct, & que l'amour chez vous eft fentiment? — Je t'ai tout dit en te révélant que l'amour dominoit ici dans toute fa force & dans toute fa pureté; il n'eft pas befoin que j'ajoute à ces paroles : tout ce qui eft amour appartient aux vertus.

JE SUIS MORT,
VISION IV.

JE rêvois que j'étois mort, & je considérois le corps d'où mon ame venoit de sortir, étendu sur mon lit : qu'il me fit pitié ! & j'étois bien aise de n'être plus lié à ce vêtement charnel qui me clouoit à la terre, & de voltiger dans les airs avec la rapidité de la pensée.

Jamais tragédien échauffé, & las de son rôle, n'a jeté son habillement dramatique avec le même plaisir que j'avois ressenti en secouant mon enveloppe terrestre. Je fis soudain deux ou trois voyages à travers les planètes pour prendre le premier coup d'œil, ainsi que je me jette dans une ville nouvelle la première fois que j'y entre, m'égarant çà & là à dessein, & prenant plaisir à redemander mon auberge, lorsque bien fatigué je me trouve perdu.

Après cette petite promenade je revins à mon corps défunt, qu'on empaquetoit dans le plus mauvais de mes draps; c'étoit la servante la plus hideuse du quartier qui me rendoit ce service; puis il entra une espèce de menuisier, qui, en chantant un pont-neuf me cloua entre quatre planches mal rabotées, & je ne sais quelle voix disoit dans un coin, il n'y aura point de cierges ni de sonnerie, & pour ce que vous donnez-là, il sera mis dans la grande fosse du cimetière.

Un prêtre vint, but sa bouteille tout auprès de moi, & s'endormit; il ne se réveilla que pour saisir vingt écus que coûtoit mon enterrement; car, dans tous les pays du monde, les champs de la mort ont été les fermes des prêtres.

Tandis que quelques visages indifférens entroient dans la chambre, & que les uns disoient il est mort, & les autres, où sont ses amis; que l'un, plaisantant sur ma défunte profession, disoit « un imprimeur devroit bien lui faire un billet » d'enterrement », je m'approchai de mon secrétaire, & obéissant à la force de l'habitude, je voulus prendre ma plume pour écrire; mais hélas mon ame, à titre d'esprit, n'étoit pas capable de lever une plume; c'étoit bien dommage, car je me sentois une foule d'idées qui auroient bien étonné les vivans. Je parcourus des yeux ma bibliothèque, & je vis que j'en avois appris plus en un instant que tous ces livres ne pouvoient m'en enseigner.

Je reconnus le néant des sciences humaines, & l'univers me parut avoir une touté autre perspective que celle qu'elles avoient imaginée. Je lisois dans le grand livre, dont les planètes & le soleil étoient des lettres ou des virgules; mon ravissement n'avoit point de mesure, & je me moquois complettement de mes écrits, où j'avois cependant deviné une petite portion des merveilles qui m'environnoient.

Mes héritiers entrèrent, mais ils n'étoient pas joyeux, car je ne laissois rien que des papiers; on parloit cependant de mettre le scellé, mais comme on fit réflexion que cela coûteroit de l'argent, & que je n'en avois probablement pas, on se dispensa d'appeler le commissaire.

On eut bientôt fait l'inventaire de mes habits, car je n'ai jamais brillé par-là; mon amour propre me défend de répéter ce qui fut dit sur ma cendre; mais du moins, je n'avais pas imposé aux visages un mensonge de parenté; ils alloient m'enterrer avec toute la tranquillité possible.

Je croyois sortir de la maison au bout de quelques heures pour arriver à mon dernier gîte, un tailleur de pierre & un regratier m'attendoient pour être leur voisin, & cela me paroissoit parfaitement égal, car le voisinage de Turenne & de Louis XIV, ne m'auroit pas plus flatté dans ce moment où tout redevient de niveau; mais je restai encore dans ma bierre, & je vis que ce retard venoit de ce qu'un de mes héritiers avoit voulu faire imprimer toutes mes qualités sur le billet d'enterrement; il le lut à haute voix en ma présence, & les voisins & les voisines étant accourus, ils furent comme saisis de respect pendant l'énumération; mais réfléchissant ensuite que cela ne m'avoit pas trop enrichi, ils reprirent leur ancienne familiarité.

J'entendis du bruit au-delà du seuil, & je me dis, voilà les officiers de la paroisse qui vont m'emporter, lorsque tout-à-coup un homme noir entra & dit, je viens visiter les papiers.

Le tremblement me prit comme si j'étois encore un vil mortel. Mais bientôt je vis que j'étois une ame, & je me plaçai au sommet de la tête de l'examinateur; il parcourut de l'œil une multitude de feuilles volantes, où il ne put rien déchiffrer, tout étoit grec, hebreu ou latin pour lui. Les papiers couverts de ratures, furent pour lui des hiéroglyphes.

Tout fut soigneusement fouillé, point de billets de la caisse-d'escompte, point de billets au porteur: on découvrit néanmoins dans tous ce fatras, une petite liasse de billets oblongs; voilà des lettres-de-change, s'écria l'un des témoins : on se précipita pour en faire l'ouverture; c'étoit, il est vrai, des billets, mais des billets de libraires tous protestés, & qui datoient de vingt années; alors l'un ému de compassion, dit à voix basse, ne lui envions pas son repos. Les journalistes ne l'attaqueront plus, & il n'aura plus à payer des sentences contre des typographes.

VISION IV.

On mit tous mes papiers dans une boîte, en disant qu'on les feroit voir à un académicien & puis à un épicier, & mon esprit sortit de la maison avant que mon corps en fût dehors. Je suivis un peu de tems la route de mes papiers, & je vis l'académicien haussant les épaules d'un air dédaigneux : hélas, il me traitoit bien sévèrement !

Je sortis enfin porté par quatre hommes, dont deux étoient boiteux & les deux autres aussi maigres que mon squelète ; j'allois assez lestement, lorsque je fus arrêté dans ma course par un illustre & riche trépassé, dont le convoi superbe, les flambeaux & l'étole brodée en argent du curé, contrastoient si fortement avec mon pauvre linceul noir & gâté, que la canaille, qui admiroit le bel enterrement, ne voulut pas s'ouvrir pour faire place au mien ; le riche à travers le son des cloches, l'illumination des cierges & le chant funèbre de cent prêtres en élégans surplis, s'enfonça dans une église royale, où une fosse particulière l'attendoit à quelques toises du maître-autel, & moi j'allai me voir précipiter, à l'aide d'une corde, dans mon cimetière ; le cercueil manqua son coup, & je tombai sur celui d'une ravaudeuse qui, deux jours auparavant, étoit morte en couche.

Je trouvois que j'étois aussi bien là qu'ailleurs ; mais ce qui me réjouit, c'est que je vis qu'à deux heures du matin on exhumoit mon illustre mort enterré avec tant de pompe, & qu'on vint le déposer justement à côté de moi; je ne pus m'empêcher de sourire, en reconnoissant que tout pendant la vie n'est que simulacre.

Absolument trépassé, & ayant lu le court éloge des journalistes, j'abandonnai ce globe & tout ce qu'il portoit & je m'élançai vers la région éthérée; là je cherchai d'abord Socrate, Séneque & Fénelon; enfin, tous les adorateurs de la divinité; je les priai de m'initier dans la langue adoratrice; la musique est la langue dans laquelle les intelligences parlent à Dieu; c'est la langue du sentiment, ce fut celle que nous employâmes dans une prosternation profonde, religieuse & filiale.

Je renouai connoissance avec tous les grands personnages de l'antiquité, & ce fut alors que je fus plongé dans la science, dans ce rayon ineffable d'une vive lumière: elle éclairoit, elle embrasoit mon ame; les vains fantômes de l'erreur ne m'environnoient plus, je découvrois dans toute leur absurdité les thèses du scolastique obscur, du sophiste arrogant, & les chimères dont le bigot nourrit son zèle extravagant; mon œil découvroit l'origine de ces pensées qui s'élancent dans l'espace & qui cherchent sans cesse la mesure de l'éternité; je voyois l'échelle mystique qui par la gradation des êtres, élève la raison vers le Dieu créateur; mais un profond respect m'arrêta, & quoique

Vision IV.

j'eusse d'autres yeux, & une autre intelligence, je craignis d'avancer & je ne sondois pas cet abîme sans fond, de gloire & de lumière.

Mais il n'étoit pas de bonheur sans la contemplation de l'Être suprême.

Mon ame ne pouvoit exister sans l'influence de ce divin soleil ; point de félicité loin de ses rayons ; j'oubliai tellement la terre & les siècles précédens, mes sensations étoient si vives & si profondes que je m'imaginois avoir toujours vécu dans cet état d'harmonie, de sentiment & de liberté ; je nageois dans cette délicieuse ivresse, lorsque mon misérable corps que je croyois enterré (je ne sai pas quel fil imperceptible) tira mon ame de cette sainte alegresse, & je vis avec douleur que je n'étois pas mort. Me voilà donc encore soumis aux opérations matérielles : où est le songe où sans pieds je marchois, où sans mains je donnois la forme à plusieurs objets, où sans yeux je voyois, où ma tête commandoit, & où tout le reste de la nature obéissoit?

ADMINISTRATEUR D'HÔPITAL,

VISION V.

JE méditois sur les importantes fonctions d'administrateur d'hôpital, sur le bien sacré des pauvres, sur l'intégrité sévère de la conduite d'un tel dépositaire, & sur cette sensibilité renaissante qui doit caractériser encore toutes ses actions; lorsque je tombai dans un état, qui approchoit beaucoup du sommeil, & j'eus le songe ou plutôt la vision suivante.

Il me semble que je me promenois au coin d'un bois sombre & solitaire, la lune étoit voilée par des montagnes, l'astre nocturne monta dans les airs, & j'entendis sous mes pieds comme un bruit sourd qui me pénétra de terreur ; les arbres de la forêt tremblèrent sans qu'il y eût de vent; je regardai la lune qui se fendoit lentement en deux, & chaque partie séparée tomba tout-à-coup dans l'immensité au milieu des étoiles qui fuyoient & palissoient, & voici que toutes les cloches de la ville voisine sonnèrent d'elle-même & firent retentir ce son lugubre & prolongé, « la fin du » monde, la fin du monde ».

Chacun portoit ses pas égarés çà & là, & la

parole des humains n'étoit plus que des lamentations confuses; les uns levoient les bras, les autres se cachoient le visage; bientôt la terre comme emportée sous les pas de l'homme, se déroboit rapidement sous ses pieds, & il sentoit dans l'effroi qu'il tomboit avec le globe dans un espace obscur & incommensurable.

Les villes fondirent, comme la cire se fond devand un brasier ardent; les bois, les forêts, & tous les végétaux qui parent la nature s'écroulèrent aussi; de sorte que le genre humain se trouva pauvre, triste & nu sur le noyau inculte de la terre, noyau plus dur que le fer, & dont la vue affligeante faisoit regretter la douce verdure d'un buisson, & la végétation d'un arbrisseau.

Tous les hommes comme emportés vers un même lieu, se trouvoient rassemblés dans une plaine qu'environnoient trente volcans; à cette lueur affreuse, chacun se trouvoit dépouillé de ses vêtemens, de ses titres & de sa gloire passée; les enfans des hommes étoient égaux dans leur triste nudité, & voici qu'une voix tonnante fit retentir ces mots : « le grand jugement de l'univers » : chacun reçut son arrêt en silence. Les uns prosternés, les autres presqu'anéantis à la lueur terrible & au feu rougeâtre des éclairs; car la voix redoutable avoit parlé à tous dans un seul & même instant. La race humaine étoit immobile & n'existoit que par l'oüie, lorsqu'une seconde voix, non moins majestueuse, mais plus douce, cria: « l'Éternel » est miséricordieux, il veut absoudre les enfans » des hommes, & les rappeler à lui; grace à tous » les pécheurs, un seul est excepté »!

Toute la race humaine tremblante répéta, en frémissant, un seul est excepté! qui? qui? Les parricides, les empoisonneurs, les homicides, les calomniateurs se frappoient la poitrine. Il se fit un silence de consternation. La même voix répéta, avec un cri qui fit tressaillir l'univers: « un seul est » excepté!..... & c'est....., un administrateur » d'hôpital ».

Alors les portes de l'éternité s'ouvrirent & se fermèrent sur le coupable.

DE L'AME,

VISION VI.

JE me trouvois au lever du soleil sur une haute montagne : mes regards, tournés vers l'orient, se promenoient sur la magnificence de la nature variée & renaissante. Après avoir embrassé cet horizon immense, revenant sur ce qui m'environnoit, j'aperçus sous un jeune cèdre le même génie que j'avois vu la nuit précédente. Pénétré de respect & de reconnoissance, je m'inclinai pour embrasser ses genoux. Il me releva avec une bonté majestueuse, & me dit d'une voix, dont la douceur inspiroit la confiance & la joie.

Ami, je veux encore t'éclairer, puisque tu as un désir si vif de l'être. Je vais te dévoiler ce qu'il t'est permis de comprendre sur cet esprit caché qui vit en toi, qui t'anime, qui ordonne à la fois ta pensée & ton action. Avant que ce corps, que tu traînes sous la volonté d'un Dieu, soit rentré dans la poussière, dont il est formé, je tâcherai de faire descendre les choses célestes à ta portée. Je voulus une seconde fois embrasser ses genoux; laisse, me dit-il, ces génuflexions pour les enfans grossiers des hommes : mon œil lit dans ton cœur : regardes du côté du couchant. J'obéis, & je vis une plaine agréable, surmontée d'une colline que couronnoient des citronniers, qu'embaumoient des grouppes de roses. Je la crus d'abord inhabitée, mais bientôt j'aperçus une belle personne, au corps lumineux, à la taille majestueuse & plus qu'humaine, qui descendoit de la colline; elle étoit environnée de jeunes enfans, à la démarche légère, au sourire gracieux. Ils annonçoient la joie & la gaieté : tels la fable nous peint les amours, les ris & les jeux accompagnant la déesse de la beauté.

Cette nymphe majestueuse (me dit mon conducteur) se nomme Ame; elle tire son origine des cieux, elle en fut exilée; mais la cause de cet exil est au rang des choses qui sont cachées. Les uns disent que c'est parce qu'elle avoit trop bu de nectar dans l'Olympe, & les autres, parce qu'elle avoit conçu d'elle-même un sentiment d'orgueil trop déraisonnable. Quoi qu'il en soit, jetée sur ce malheureux globe, elle est devenue à moité terrestre. Tandis que le génie parloit, l'ame s'approchoit de plus près, & je pouvois la mieux considérer, elle & sa suite. Son visage sembloit encore étonné de son nouvel état; sa physionomie incertaine étoit mélangée de deux nuances presque opposées : elle paroissoit consulter en elle-même, si elle devoit se fier aux objets

qui

Vision VI.

qui l'environnoient, & surtout à ces enfans qui l'accompagnoient. Ils s'appeloient les Desirs. Leur physionomie étoit simple & crédule; elle annonçoit plutôt l'inexpérience que la dépravation; ils étoient tous d'une forme agréable & fort séduisante. Cependant je crus apercevoir quelque chose de volage dans leur vivacité brillante. L'Ame tournoit souvent ses regards vers le ciel, & à son sourire contemplateur, aux soupirs qui lui échappoient, on pouvoit aisément interpréter qu'elle n'avoit pas perdu la mémoire du séjour divin qu'elle avoit habité.

Non loin de cet endroit étoit une éminence couverte de fleurs qui formoient un lit embaumé. Dessus reposoit une femme, dont tous les traits du visage étoient fins & délicats : cependant son front efféminé portoit une certaine empreinte de hardiesse. Ici bas on la nomme Félicité terrestre, mais les habitans de l'Olympe ne balancent point à l'appeler Folie. Elle étoit environnée d'une multitude innombrable de Sylphes & Sylphides de toutes sortes de formes & de couleurs, & tous legers comme l'air. Tels on voit des papillons différemment bigarrés, errer au milieu des parterres odoriférans, & d'une aîle inconstante se reposer tantôt sur les tiges touffues des fleurs, tantôt dans leurs calices entr'ouverts. Ils portent pour nom, *les volages Plaisirs* : ils sont enfans

X

de la Folie; elle les a élevés & nourris dans de secrets embrassemens. Cet essain de plaisirs ressembloit à ces mouches colorées, qui, sur le soir d'un beau jour, volent & bourdonnent dans les derniers rayons du soleil. Ils formoient un certain bruit flatteur, qui réveilla l'Ame de sa demi-léthargie. Les Desirs coururent aux plaisirs, dès qu'ils les aperçurent; c'étoit une sympathie secrète & forte qui les attiroit l'un vers l'autre. Ils s'embrassèrent avec la plus vive ardeur, & chaque couple paroissoit comme un jeune berger qui s'unit à sa nymphe. L'Ame indécise de sa nature ne savoit de quel côté elle tourneroit ses pas. Elle écoutoit avec une complaisance secrète les soins attirans de la Félicité: elle vouloit s'avancer vers elle, mais je ne sais quoi l'éloignoit de la route, &, lorsque je cherchois à comprendre ce mystère, j'aperçus un petit ange aux aîles d'or, qui planoit sur sa tête. Il battoit des aîles de joie, lorsqu'il la voyoit s'écarter du chemin trompeur des plaisirs; au contraire il trembloit de frayeur, lorsqu'il la voyoit y remettre le pied, & sa douleur alloit jusqu'à verser des larmes.

Je priai mon divin conducteur de m'expliquer ce qu'il vouloit bien me dévoiler; il me dit: aussi souvent que tu vois l'Ame s'approcher avec impatience du côté où la Félicité l'invite par sa voix de syrène, aussi souvent un sombre sentiment s'empare d'elle : tu la vois qui s'éloigne tristement malgré les vifs Desirs. Tel est l'effet du souvenir de son état précédent, que lui renouvelle avec sa tendresse toujours vigilante, cet ange charitable. Autrefois elle vivoit sous les célestes lambris, comme sœur & compagne des pures intelligences; elle étoit accoutumée à un jour, près duquel celui-ci n'est que ténèbres. Son oreille entendoit une harmonie dont on n'a point ici la moindre idée. Au jour de son bannissement, elle fut forcée de boire dans le fleuve d'oubli; mais l'impression de son bonheur passé étoit si profonde, qu'il lui en est resté une mémoire confuse. Dès qu'elle fixe le ciel, son ordre sublime l'émeut; elle reconnoît son ancien domicile, & cette majesté imprimée sur le front des astres, l'élève, la transporte & la fait soupirer. Mais, lorsque les attraits de cette trompeuse déesse, que les mortels nomment Félicité, la maîtrisent, au point qu'elle est prête à succomber, alors cet ange du ciel, qui l'a toujours aimée, protecteur compatissant, lui insinue de ses aîles divines une force surnaturelle; elle abandonne les routes dangereuses, & ce bel ange, que le ciel a chargé du soin de la conduire, la remet avec des transports de joie dans le sentier étroit, qui peut seul la rendre à sa grandeur passée; mais tu vois qu'il est souvent trop foible pour l'écarter des puissantes amorces d'une volupté présente; tu vois comme elle s'approche de plus en plus de la colline dangereuse : tu vois comme la main des Desirs l'emmène mollement. Hélas ! elle est en péril, elle va céder à leur pouvoir. L'ange bat en vain des aîles; ses soupirs, ses pleurs, ses efforts sont impuissans. Les Plaisirs lui bandent les yeux de guirlandes de fleurs; ces guirlandes sont enchantées, tous l'entourent, tous lui font une douce violence, sourient d'une résistance inutile, & l'entraînent dans les bras de la Folie.

Tandis que je considérois cette scène, un grand changement survint tout-à-coup entre la troupe des Desirs & celle des Plaisirs. Ces enfans, naguère si attrayans, si doux, qui s'embrassoient avec les plus vifs transports, se transformèrent soudain en serpens, en couleuvres, en spectres horribles. Les plus jolis devinrent les plus hideux. Les Desirs se séparèrent, en frémissant, des Amours. Je vis l'Ame elle-même s'arracher avec dégoût de ces embrassemens qui lui devenoient odieux; mais à peine eut-elle fait un pas en arrière, que tous ces petits enchanteurs reprirent à ses yeux leur forme première, & séduisante. Foible, elle se laissa entraîner de nouveau, abusée qu'elle étoit par leurs graces nouvelles & décevantes. En même tems la Félicité mensongère faisoit la prude; elle sembloit vouloir fuir les Desirs, pour en être poursuivie avec plus d'ardeur. Lorsque les Desirs, quelquefois rebutés, retournoient en grondant sur leurs pas, alors cette magicienne ingénieuse couroit après eux. Hélas ! dans leur naïve crédulité, ils revenoient toujours pour rejoindre l'indéfinissable déesse : elle fuyoit de nouveau, pour les mieux attirer dans ses pièges. On ne voyoit qu'un tourbillon diversement bigarré, qui, dans un mouvement continuel & rapide, formoit un bruit confus. Les plaintes des Desirs trompés, l'impatience fougueuse des Plaisirs; leurs regrets, leurs reproches, les cris de la Jalousie furieuse, tantôt plaintive, tantôt éclatante, enfantoient un murmure perpétuel. Et que faisoit l'Ame ? L'Ame sommeilloit à côté de la Folie, sur un lit de roses; sa main nonchalante laissoit échapper les rênes des Desirs : elle se réveilla au bruit tumultueux de tant de voix discordantes, & se voyant enchaînée, elle voulut rappeler tous les Desirs vagabons, pour leur donner des fers & les emprisonner dans son sein. Vaines tentatives ! La Folie plus forte captivoit sa volonté foible, soumise à un instinct impérieux; elle ne pouvoit se faire obéir. Alors, une femme pesante, d'une lourde figure, nommée l'Habitude, vint, & d'un bras invincible, la lia de nouveaux nœuds sur le lit de la fausse Félicité; & les Desirs en tournant autour d'elle avec une rapidité continuelle, la lassèrent tellement, qu'elle tomba dans l'assoupissement, ou plutôt comme engourdie dans une léthargie profonde.

Au milieu de ce calme funeste & du sein de ce sommeil de mort, l'Ame entendit quelques sons lointains, mais doux & perçans, qui par degrés la réveillèrent, & la maîtrisèrent d'une manière si puissante, qu'elle fit les plus grands efforts pour se relever, & déchirer les guirlandes qui la retenoient. J'aperçus alors l'ange aux aîles d'or, que je n'avois point vu depuis long-tems, errer à l'entour d'elle avec empressement, l'exciter du geste & de la voix, pleurant de joie, lorsqu'elle redoubloit de force & de courage. Elle lutta long-tems avant de se débarrasser de ses liens. Elle alla réveiller la foule des Desirs endormis, qui étoient couchés çà & là; sa voix les engagea à diriger leurs pas vers la symphonie héroïque & sublime qui sembloit s'éloigner, & dont les derniers sons, encore ravissans, venoient expirer dans son oreille; mais je crois qu'elle n'auroit jamais pu s'arracher de l'autel de la Folie, malgré cette musique céleste, & malgré ce bel ange aux aîles d'or, si elle n'eût trouvé à propos une belle femme, d'une figure noble, qui paroissoit d'abord sérieuse, & même un peu austère, mais dont on découvroit les charmes en la considérant de plus près. Mon conducteur me dit qu'elle s'appeloit la Réflexion.

Elle tenoit en main un verre myſtérieux; elle le donna à l'Ame, en lui ordonnant de contempler la Folie & ſes filles. L'Ame regarde. Quelle ſurpriſe! Ces nymphes, qui lui avoient ſemblé ſi charmantes, laiſsèrent tomber le maſque qui couvroit leur difformité. Quel contraſte! c'eſt la laideur hideuſe du crime & du remords. L'Ame examina à travers le même criſtal, la Félicité terreſtre: ſon ſourire étoit faux & cruel; ſes yeux qui ſembloient ſi doux, étinceloient des feux de la haine & de la vengeance; des ſerpens entrelacés avec art formoient ſa chevelure; on liſoit dans ſon regard qu'elle ne ſongeoit qu'à tromper les humains, qu'à creuſer ſous leurs pas les abymes du malheur & de la honte. L'Ame étoit obligée de clignoter des yeux pour ſoutenir ſon aſpect. La ſage Réflexion lui ordonna une ſeconde fois de regarder à côté d'elle dans le lointain, & elle découvrit, ſur un mont eſcarpé, un beau Génie, dont l'éclat ſurpaſſoit tout ce que peut créer l'imagination. L'Ame, après l'avoir conſidéré long-tems, crut ſe reſſouvenir d'avoir vu quelque choſe de ſemblable dans ce ſéjour où elle étoit heureuſe; elle vola comme ſi elle eût eu des aîles aux pieds, à l'endroit d'où partoit cette divine mélodie, qui rempliſſoit les airs. L'Ame marchoit, accompagnée du bel ange aux aîles d'or, qui précédoit ſa marche, & ſourioit d'alégreſſe, en lui indiquant la route.

Les Desirs voloient sur ses traces; ils voloient pleins d'impatience, & paroissoient deviner, par un secret pressentiment, que le vide qu'ils éprouvoient dans le cœur seroit bientôt rempli.

Ils arrivèrent au pied de la montagne & s'y arrêtèrent; elle leur parut d'un abord difficile; mais voici que trois femmes, semblables à des déesses, non par la richesse de leurs atours, mais par la simplicité majestueuse de leur démarche, & par la noblesse & la douceur de leurs traits, descendirent vers eux. C'étoit la Tempérance, la Modération & la Patience. Elles offrirent à l'Ame de la transporter entre leurs bras au sommet de la montagne. Quant aux Desirs, irrités par l'obstacle, ils étoient trop actifs & trop empressés pour ne pas atteindre leur but sans secours & sans guide.

Alors il me sembla, par un mouvement aussi prompt qu'imperceptible, être porté moi-même sur le front de cette montagne, & je considerai de près la scène auguste & brillante qui s'offrit à mes regards.

Je vis une esplanade entourée d'un côté de hauts cèdres, & de l'autre d'arbustes odoriférans. Le penchant étoit semé de plantes salutaires; on respiroit en ces lieux l'air pur de la vie & de l'immortalité; on s'y trouvoit plus de sérénité dans l'esprit, & quelque chose de céleste dans le cœur; mais la divinité de ce séjour frappa ma vue sous le corps qu'elle avoit bien voulu revêtir. Elle s'évanouit de dessous les cèdres; son visage étoit brillant comme le soleil, orné de tous ses rayons; c'étoit même cette divinité que l'Ame avoit aperçue de loin par le verre admirable de la réflexion. Lorsqu'on a été assez heureux pour l'envisager, on ne peut rien desirer de plus beau; mais il est impossible d'en tracer un portrait à l'œil qui ne l'a point vue. Elle porte une bande d'or sur son front; dessus est écrit son nom en caractères sacrés; il n'appartient qu'aux intelligences célestes de pouvoir le lire; les profanes mortels doivent baisser en sa présence un œil respectueux. Ici bas nous l'appelons Vertu. A sa gauche étoit une déesse semblable à une fille ravissante, mais d'une beauté si noble, si touchante, qu'en la voyant on se sentoit ému d'un plaisir inaltérable. Mon divin conducteur me dit que c'étoit l'Harmonie, que la lyre d'or qu'elle portoit sur ses épaules d'albâtre, étoit celle qui régloit le mouvement des mondes & des soleils, en même tems qu'elle marquoit parmi les anges les hymnes éternels consacrés aux louanges du créateur. Quoiqu'elle ne touchât point alors sa lyre, il s'en écouloit un frémissement harmonieux qui me ravissoit en extase; ainsi lorsque le soleil se couche derrière les montagnes, il répand encore dans les plaines des airs, des lances dorées qui annoncent de quelle magnificence il couronnoit sa tête lorsqu'il poursuivoit sa course au sommet brûlant des cieux. Dès que l'Ame aperçut la Vertu qui venoit au-devant d'elle avec un air de tendresse & de bonté, elle s'empressa de se jeter à ses pieds, & d'embrasser ses genoux : c'est alors qu'elle ressentit, pour la première fois, depuis qu'elle avoit abandonné les célestes lambris, quelque chose de semblable à la félicité divine dont elle jouissoit dans l'assemblée des anges. Elle crut même découvrir sur le visage de la Vertu, & jusques dans les draperies dont elle étoit revêtue, quelques traits de l'éternelle beauté, qu'elle avoit ci-devant adorée sans voiles.

La Vertu, en la relevant, l'embrassa tendrement, & la conduisit à côté de sa sœur l'Harmonie, sur un gazon uni où elles s'assirent. Je découvris sur le visage de l'Ame un contentement radieux; il sembloit convenable à l'ordre de son excellente nature. Elle me parut dans son véritable état auprès de ces augustes déesses. Je les jugeois faites & créées pour vivre ensemble, & ne devoir jamais se séparer. O que l'Ame étoit belle alors! tout ce qu'elle disoit me causoit une satisfaction intime; je ne doutois plus de son origine céleste; je ne sais quoi de divin me frappoit. Pendant ce tems, les Desirs en foule, languissans, étonnés, étendus par terre, étoient comme des enfans sans force & sans lumière; leurs yeux ne pouvoient supporter la majesté rayonnante de la Vertu; leurs oreilles ne pouvoient entendre son langage mâle & sublime; mais dès que l'Harmonie eut pris en main cette lyre qui commandoit à l'univers, & qu'ils virent toute la nature obéir à cette musique douce & puissante, tout-à-coup métamorphosés, ils sortirent de cet état de foiblesse & d'indolence; ils élevèrent les mains au ciel, les battirent en cadense, se joignirent ensemble & formèrent une danse majestueuse en environnant l'auguste Vertu. Leur danse imitoit le cours de ces astres, de ces soleils, de ces planètes, qui, dans diverses orbites, tournent au gré des loix d'une constante harmonie; car le bel ordre du système physique n'est, sans doute, que la foible image de cet ordre moral qui regnera dans le monde éternel. Jamais les Desirs ne s'étoient trouvés si heureux, si satisfaits. Ils n'étoient plus légers, folâtres, inconstans, capricieux; ils ressentoient cet équilibre paisible, fruit du vrai contentement; leur cœur étoit rempli, & dans cette agitation modérée, douce jouissance qui ne produit ni la lassitude ni le dégoût. Mais ce qu'il y avoit de plus admirable pour mon œil enchanté, c'est que chaque Desir qui obéissoit à l'Harmonie, en figurant autour de la Vertu, en recevoit aussitôt l'aimable & vive empreinte; vous eussiez vu comme autant de miroirs, qui tous réfléchissoient fidellement un seul & même objet.

On l'auroit prise pour une mère environnée de la riante de ses enfans, qui portent chacun d'eux quelques traits de leur mère, quoique la ressemblance ne soit pas entièrement parfaite.

Une voix ravissante frappa mon oreille : c'étoit celle de l'Harmonie : cette voix donnoit un nouvel éclat aux cieux & à la terre. Le breuvage des immortels n'est pas plus doux que ses paroles. Enfans du Créateur, voyez l'ordre qui règne au-dessus de vos têtes; fixez votre œil sur ce point de vue élevé; qu'il soit votre lumière; ni les richesses, ni la gloire, ni la volupté, ne pourront contenter vos desirs, vous seriez tourmentés & misérables dans les bras de ces fantômes trompeurs; il resteroit toujours dans vos cœurs un vide affreux. Et par qui ce vide peut-il être rempli, ô mortels ? Ce n'est que par la vertu. Eh ! dans toute l'étendue de la création, est-il rien d'aussi beau, est-il rien de plus parfait ? Qu'il est doux de la posséder ! Heureux, qui se dit : je n'ai qu'un instant à vivre dans cette prison mortelle, mais je perfectionnerai mon ame; j'ennoblirai les facultés dont elle est ornée autant qu'il sera en moi; je la rendrai digne des regards du Dieu qui l'a créée ! Toi, qui vivras sous son aimable empire, mortel ! tes heures seront douces, paisibles; la Modération, la Simplicité présideront aux vœux de ton cœur. C'est la Modération qui crée le Sentiment; le Sentiment qui sourit

Vision VI.

au Sage. Alors si tu traverses les plaines émaillées, ou les gras pâturages, le Plaisir parfumera pour toi les airs; c'est toi dont l'esprit embrassera dans ses méditations, & les globes de feu que je fais rouler, & le ver que je loge & que je nourris dans un grain de poussière. Songe, songe, surtout, que ce Dieu, dont je suis la fille, est le plus aimable de tous les êtres. O! que ne m'est-il donné de le pouvoir peindre! Mais nous marchons à lui. Tout passe; toutes ces scènes changeantes tomberont dans le gouffre du néant; plane d'avance dans les régions, où je tiens mon trône près du sien, vois tout fuir, & la Vertu seule qui survivra, pompeuse, inébranlable, amie immortelle de l'homme, guide fidèle du bonheur, trésor & récompense des cœurs qui la révèrent & qui l'adorent.

Fin des Songes & Visions.

TABLE
DES SONGES ET VISIONS
CONTENUS DANS CE VOLUME.

SONGES ET VISIONS PHILOSOPHIQUES

DE M. MERCIER.

SONGE PREMIER. *De l'Amour,* pages 1
SONGE II. *De la Guerre,* 41
SONGE III. *De la Royauté & de la Tyrannie,* 65
SONGE IV. *D'un Monde heureux,* 89
SONGE V. *L'Égoïsme,* 99
SONGE VI. *L'Optimisme,* 105
SONGE VII. *Le Blason,* 131
SONGE VIII. *De la Fortune & de la Gloire,* 136
SONGE IX. *Mahomet,* 157
SONGE X. *Sémiramis,* 163
SONGE XI. *L'Homme de Fer,* 166
SONGE XII. *Le Méchant sera seul,* 237
SONGE XIII. *De la Cupidité,* 239
SONGE XIV. *Le dernier Jour,* 250
SONGE XV. *L'Opulence,* 253

TABLE DES SONGES ET VISIONS, . 335

SONGE XVI. *L'Envie*,   pages 258
SONGE XVII. *Les Lunettes*,   261
SONGE XVIII. *L'auguste Assemblée*,   281
VISION PREMIÈRE,   291
VISION II. *Les Tours*,   293
VISION III. *Nouvelles de la Lune*,   299
VISION IV. *Je suis mort*,   309
VISION V. *Administrateur d'Hôpital*,   316
VISION VI. *De l'Ame*,   319

Fin de la Table des Songes & Visions.